中国历代谋臣系列

伍子胥

刀锋路途上的孤勇者

白玉京　著

辽宁人民出版社

© 白玉京　2024

图书在版编目（CIP）数据

伍子胥：刀锋路途上的孤勇者 / 白玉京著 . — 沈
阳：辽宁人民出版社，2024.2
　（中国历代谋臣系列）
　ISBN 978-7-205-10886-1

　Ⅰ . ①伍… Ⅱ . ①白… Ⅲ . ①伍子胥（？—前 484）—
传记 Ⅳ . ① K827=25

中国国家版本馆 CIP 数据核字（2023）第 196132 号

出版发行：辽宁人民出版社
　　　　　地址：沈阳市和平区十一纬路 25 号　邮编：110003
　　　　　电话：024-23284191（发行部）　024-23284304（办公室）
　　　　　http：//www.lnpph.com.cn
印　　刷：河北朗祥印刷有限公司
幅面尺寸：145mm×210mm
印　　张：7
字　　数：120 千字
出版时间：2024 年 2 月第 1 版
印刷时间：2024 年 2 月第 1 次印刷
责任编辑：赵维宁　段　琼
封面设计：乐　翁
版式设计：一诺设计
责任校对：吴艳杰
书　　号：ISBN 978-7-205-10886-1
定　　价：39.80 元

序 言

白马曾骑踏海潮，由来吴地说前朝；

眼前多少不平事，愿与将军借宝刀。

——唐寅《题伍子胥庙壁》

历史的浪花缔造着不一样的故事，每个朝代总会涌现出一批饱受争议的人物，他们推动着历史的发展，同时又被后世诟病。他们被称为传奇，但他们同时又藏在历史的背后，成为一道捉摸不透的光。

在中国历史上有这样一位人物常被人褒贬不一。

相传，他是乞丐的祖师爷，也是春秋战国时期的第一狠人。

有人说，他是一代贤相，武能上马安天下，文能提笔定乾坤，正是因为有了他的存在，吴王阖闾才能登上王位，并最终有机会与强国争雄；也有人说，他心胸狭隘，敏感多疑，狠毒阴险，竟然将已经死去的仇人尸首从坟墓中刨出来鞭尸泄愤，还因此险些灭了生他养他的祖国，其行为令人发指，真可谓是不仁不义、不忠不孝的典型。

但就是这样一位饱受争议的人物，却风靡了历史千百年。

——这位饱受争议的历史人物就是春秋末期的政治家伍子胥。

提起伍子胥这个人物，了解历史的人可能首先会想到的是两个典故"一夜白头"和"掘坟鞭尸"。

他仿佛就像是莎士比亚笔下的另一位复仇男神哈姆雷特，一生都在被人陷害并在复仇的路上孤独地行走着。

只是恐怕很少有人知道，在真实的历史中，伍子胥究竟有多厉害。

复仇、掘坟、鞭尸以及自抠双眼，这些惊心动魄又耸人听闻的词汇，让人光是想想都觉得后背发凉。

身为楚国人的他，为何要帮助吴国去灭掉自己的祖国？又是什么样的原因使得他对自己的祖国如此痛恨？

为什么最后他一死，吴国的整体实力就快速下滑，直至被越国所灭？

　　为什么说抛开"复仇"这个沉重的枷锁外，伍子胥本身也是一位不可多得的治国安邦的政治家，且有着非同一般的政治才华？

　　为什么说今天的苏州市（姑苏城）的最初设计者是他？

　　除此之外，历史上第一条人工运河开挖的组织者为什么也是他？

　　千百年来，这样一位褒贬不一、饱受争议的人物，为什么会受到苏州百姓的纪念，并将古城西南角的城门称之为"胥门"，而胥门附近的河流则称之为"胥江"，胥江至太湖的入口称之为"胥口"？

　　接下来，就让笔者带领各位看官一起翻开历史的篇章，去走近这位饱受争议的人物，一起感受他那波折、孤勇而又悲壮的一生。

目 录

楔　子

伍子胥轻抚着冰冷刺骨的剑锋，忽然仰天苦笑，自说自话道："回想当年，我助先王争霸，南征北伐数十载，才有了今时今日吴国的强盛景象，我为吴国立下了不少功劳，想不到如今你夫差竟然只听了伯嚭那厮的几句谗言就要将我除去，真是可笑至极，可笑啊……"

说到这里，他又想起了吴王阖闾登基之前的一些事情。

那时候，他刚从楚国逃难来到吴国，遇见了还是公子光的阖闾。

阖闾一直有谋朝篡位的野心，而他自己也非常希望吴国能够出兵伐楚，替他报仇雪恨。

于是两人一拍即合，共谋大业。

为了能让阖闾继承王位，他还将自己的好兄弟专诸间接地推荐给了阖闾，作为行刺吴王僚的刺客，最终也断送了专诸的性命。

如今往事如烟，却历历在目。

一想起这些曾经发生的事，伍子胥的内心就愈加悲痛不已。

愤恨之余，他将家人聚集在一起，并留下遗言。

"等我死后，你们一定要将我的双眼眼珠挖出，系在鱼线上挂在城门楼之上，我一定要亲眼看看吴国最后是怎样亡国的！"说罢，便不再犹豫，手起剑落，自刎而死。

第一章
归飞越鸟恋南枝，劫后余生叹数奇

一、风起于太子建大婚

自荒淫无道的周幽王登上历史舞台之后，天下一直处于民怨沸腾、诸侯离心的状态中。

可周幽王那时根本无心理会政务，一心只在饮酒作乐之上，整天围着美人褒姒转悠。

为博这位冷美人一笑，周幽王可谓绞尽脑汁，不惜烽火戏诸侯，以军国大事为儿戏。

最终，美人是笑了，却一笑使得周幽王失去了整个天下，被叛臣申侯乘虚而入，联合缯国和西北的犬戎部落引大军来犯，周幽王被夺走了性命。

公元前771年，周幽王死后，西周覆灭，申侯、缯侯、许文公等人经过商议，共立原太子宜臼于申，迁都雒邑（今河南省洛阳市），是为周平王，从此东周建立。

可这东周建立之后天下并没有趋于太平，反而越来越乱，周王室成了一个有名无实的象征性的存在。各个诸侯的势力倒是越来越大，互相之间你争我夺，暗流涌动，先有春秋五霸争强，后有战国七雄并出。

在春秋的时候，自齐桓公与晋文公之后，齐国与晋国这两个超级大国的国力就开始逐渐衰弱了。

与此同时，地处西北的秦国与南边的楚国却悄然雄起，以肉眼可见的速度成长起来，逐渐走进了政治的中心舞台。

这两个国家都憋着劲儿想称霸天下，因此经常打邻国，抢地盘，兵马一天比一天强大，综合国力也越来越强。

到了后来，秦王嬴政降世，大袖遮天，吞并六国，统一了天下，结束了几百年诸侯纷争的乱世局面。

而楚国原先与秦国实力不相上下，却在这个争霸的过程中，越来越显得后劲儿不足，最终在诸侯争霸的过程中落于下风，被秦国吞并。

其中的缘由自然还是要从楚国自身说起。

楚国自从武王熊通登基之后，楚国的王室内部就是一部狗血的宫廷内斗剧，兄弟离心、父子相残的事件层出不穷，其目的都是为了争夺王位。

就这么打来打去，折腾了几代，终于轮到楚平王上台表演的时候了。

楚平王也只能勉强算个孝子，对自己的兄弟们却一点儿都不手软，竟然把三个哥哥杀得干干净净才安稳地坐上了王位。

而我们接下来要说的故事就是从楚平王登基之后做的另一件荒唐事开始的。

那是楚平王二年（公元前527年）。

当时楚国要制衡对手晋国，因此积极拉拢西北的秦国。

为了与秦国成为盟友，楚平王决定为自己年满十五岁的儿子太子建求婚，迎娶秦国公主孟嬴，于是便委派自己身边的心腹大臣，也就是太子建的少傅费无忌去秦国办理此事。

但这费无忌乃是个包藏祸心、唯利是图的小人，他虽是太子建的少傅，胸中却没有多少真才实学，根本就不是做太子师的料。因此太子建也从来没有把他放在眼里，反而是对身边另一位老师太傅伍奢彬彬有礼，恭敬有加。

这令心胸狭隘的费无忌非常不爽，所以只要有机会就在楚平王跟前诋毁太子建与伍奢二人。

巧的是，太子建与太傅伍奢也知道费无忌是什么德行，所以，也以毒攻毒，经常提议楚平王罢免费无忌。

由此双方矛盾是愈演愈烈，就差兵戎相见了。

可如此一来，楚平王心里却十分高兴。

因为只有臣子之间互相有矛盾，关系不和，君王才好从中制衡。

假如臣子们都和平共处，团结一致，那样高高在上的君王反而就坐不住了。

这就是权力的游戏。

楚平王虽不是什么明君，可也并不昏庸。

能够在残酷的宫廷夺嫡游戏中胜出的他，又怎么会是平庸之辈？

楚平王这人最大的特点就是十分敏感，尤其是在危险的事情面前更是如此，因此平时对手下的臣子都是半信半疑，十分注意他们的一举一动。

因此，这也就给了费无忌这种小人一个绝佳的钻空子的机会。

费无忌投其所好，将楚平王整个人从里到外摸得一清二楚，楚平王爱听什么，他就说什么，楚平王喜欢什么，他就立刻去做。

就算是比上天摘月亮还难的事，只要楚平王说出来，他也会不顾一切地去做，简直比对自己的亲爹还细心。

这种特殊的君臣关系自然对楚国非常不利，却让楚平王时期的楚国度过了一段安稳太平的日子。

可惜的是，这安稳太平的日子即将随着费无忌奉旨去秦国替太子建求亲而宣告结束，同时也为后来吴楚大战，楚国的战败埋下了隐患和伏笔。

当费无忌代表楚平王带领着迎亲队伍来到秦国见到秦国公主孟嬴时，顿时被对方的美貌所惊住。

秦国公主孟嬴的长相对于位于南方的楚国人来说，有一种难以用言语表达的异域风情之美，而且恰好符合楚平王的审美，正是他喜欢的类型。

有人会问，这里为什么要用"异域风情"这四个字来形容秦国公主孟嬴呢？

因为，当时整个九州虽然都属于周天子管辖，却是一个个零散的诸侯国，并没有统一，加之互相之间又有着各自不同的语言、风俗习惯等诸多方面的差异，而民间一般的普通百姓也不像当今社会交流来往得如此频繁，所谓：十里不同风，百里不同俗，千里不同情。因此，对于当时地处南方的楚国人来说，位于西北荒漠的秦国人不仅是外国人，而且周身上下，从头到脚，自然也都充满了异域风情。

所以，费无忌在看见秦国公主的那一瞬间，心中便立刻生出一条奸计，他那双又小又贼的鼠眼在眼眶里来回一转，随即嘴角泛起了一丝不易察觉的坏笑。

返回秦国之后，费无忌做的第一件事，就是马不停蹄地进宫，对着楚平王绘声绘色地将秦国公主、楚平王未来儿媳的美貌详详细细地说给他听，听得楚平王双眼发直，哈喇子流得三尺长。

"大王，这秦国公主真如天仙下凡一般美丽动人，就算当年的妲己、褒姒也不过如此。她让人看一眼就很难忘掉，微臣觉得您可以将她收入自己的后宫做娘娘。"

楚平王听到这里早已受不了了，嘴里的哈喇子都快流到鞋面上了，但还是故作矜持地说道："那怎么行，这次与秦国联姻是为了给我儿子太子建娶妻，我作为楚国的一国之君，是楚国上下千千万万人的表率，又怎么能做出这种违背伦理的苟且之事？"

费无忌笑了笑。

他在楚平王身边日子久了，对他的心理摸得一清二楚，早已成了对方肚里的蛔虫。

因此，他对楚平王说的这番言辞并不在意，而是继续怂恿楚平王道："此事只要有一个周密的计划，且做得够隐秘，微臣敢保证最后除了大王您与微臣之外绝对没有第三个人知道。"

楚平王面无表情，双眼如刀锋般死死地盯着费无忌的脸，可过了片刻，他却又突然叹了一口气："那你倒是说说你的想法。"

说到这里，他整个人的神情都变了，已不像方才那般义正词严。

费无忌知道，楚平王终究还是抵挡不住美色的诱惑，于是立刻又说道："启禀大王，微臣觉得我们可以来一招'狸猫换太子'，神不知鬼不觉地将此事做了。"

楚平王饶有兴趣地斜倚在他那张又宽又大的软榻上："哦？"

"您可以找一位年龄与这位秦国公主相仿，相貌也算不错的女子来顶替秦国公主，抬去东宫嫁给太子，之后再命几个亲信之人将秦国公主的软轿子抬进您的寝宫。"

他接着道："如此一来，便神不知鬼不觉了。"

楚平王道："你方才不是说，最后知道此事的人只有你和我吗？"

"是的，没错，除了大王您之外，就只有微臣，绝不会有第三个人知道此事。"

楚平王道："那这些去跑腿办事的亲信难道不是人吗？"

他接着道："他们中间万一有人走漏了风声，那岂不是一传十，十传百？到时候你让本王如何自处？本王还有何颜面去面对满朝文武官员和整个国内的黎民百姓？"

费无忌淡淡一笑，道："大王，您觉得办完此事之后，您派出去跑腿的这些亲信还有必要活着吗？"

楚平王听到这里，脸上终于露出了笑容。

于是，楚平王听从费无忌的劝说，最终用"狸猫换太子"的方式娶了自己的儿媳，为自己的后宫添了一位娘娘。

秦国公主孟嬴初来乍到，哪里知道自己要嫁的夫婿并非太子建本人，糊里糊涂地就被一群楚国的太监、宫女簇拥着送进了花轿，又糊里糊涂地被抬进了楚平王的寝宫。等她察觉出异样之时，木已成舟，生米已煮成熟饭，而她一个秦国的公主，说穿了，就是一个弱女子，千里迢迢远嫁到这举目无亲的楚国，连性命都掌控在别人手里，她自己又能有什么办法。

不过，这位孟嬴公主也并非单纯的女子。

虽说嫁给楚国太子建是秦楚两国之间的政治联姻，但是对于她个人而言也并非没有利可图。

她自己也想通过这次联姻先成为楚国的太子妃，日后等到楚平王驾鹤西去之时，再升级成为楚国母仪天下的王后，受万民所爱戴。

如今这么一弄，她倒是省去了中间漫长而乏味的成长环节，直接跃升成为楚王身边的女人，岂不是"开局即巅峰"，提前完成了人生目标的最佳结果吗？

但她转念又一想，有朝一日，这储君的位置迟早还是会落到太子建的头上，而到那时楚平王一去，太子建必定给她来个"秋后算账"，绝不会让她有一天舒服的日子过。

因此，为了自己日后能在楚国舒服地度过余生，她就绝不能让太子建坐上楚国君主的宝座。

于是，在进宫后的一年，这位孟嬴公主不仅使出浑身解数让楚平王对自己更加迷恋，而且还为其生了一位小王子熊轸（也就是后来的楚昭王），并三天两头地在楚平王耳边煽阴风、点鬼火，怂恿楚平王废黜太子建，立自己生的熊轸为将来王位第一继承人。

楚平王虽好色成瘾，却并不真的糊涂，由此也就不会因为孟嬴受自己宠爱而事事都满足于对方。

他表面上满口答应孟嬴换王位继承人的要求，心里却在犹豫打鼓。

毕竟废黜太子不是一件小事，关系到整个楚国的未来，属于军国大事，绝不能如此儿戏草率，所以他一拖再拖。

这世上永远没有不透风的墙。

虽然，楚平王霸占儿媳乱伦的事做得十分隐秘，除了心腹费无忌之外，知道这件事的人都早已经被处理；但现在随着小王子熊轸的降临，楚平王与孟嬴之间那不正当关系还是暴露了，相关八卦在宫里传得有鼻子有眼，沸沸扬扬，三传两传就传进了太子建的耳朵里。

得知自己最终娶的女子并非秦国公主孟嬴，只不过是一个冒牌货的太子建心里自然很不舒服，尤其是在得知造成此局面的罪魁祸首不是旁人，正是自己身旁的少傅费无忌时，他更是气得火冒三丈，恨不得亲手下刀将费无忌宰了。

可怎奈费无忌是楚平王身边的大红人，而且明面上又是自己的老师，倘若自己真的与费无忌当面撕破脸皮，恐怕局势会对自己很不利。

于是，处于这种顾虑之下，年轻的太子建只能选择暂时忍气吞声，假装什么事都没有发生。

而太子建身旁的太傅伍奢为人正直，得知此事后，屡次进宫劝谏楚平王要远离费无忌这种小人，不然早晚会酿成大祸。

可人性的缺点就在于，有时候越是说真话反而越是让人听不进去。

也许是因为心虚的心理在作祟，时间一长，楚平王不仅没有远离小人费无忌，反而对太子建和太傅伍奢二人十分反感。

与此同时，费无忌因此事也是整日寝食难安。

他知道自己得罪了太子建，生怕对方有朝一日会报复自己，于是便在楚平王面前添油加醋，比之前更加夸张地诋毁太子建，目的就是为了让楚平王与太子建父子二人感情不和，最终能够将太子建赶出都城。

"太子建自从得知了您和孟嬴之间的事后便怀恨在心，经常在背地里说您的坏话。"

楚平王在听，却没有吭声。

他虽没有说话，但现在任何人都能看出他脸色十分阴冷，双眼也犹如刀锋般锐利。

费无忌继续道："长此以往，日后必出大乱，还请大王早做决断。"

"做决断？"楚平王反问费无忌道，"怎么做决断？"

费无忌道："如今太子建既然对大王您有了怨恨，大王自然不能再将他留在身边，更不能将王位传给他。"

"你的意思是让本王废黜太子建？"楚平王突然拧起眉厉声说道。

费无忌一见楚平王发怒，立刻跪倒在地，连连向楚平王谢罪："微臣不敢，微臣只是……"

他的话还没有说完，就已经被楚平王无情地打断。

只听楚平王冷冷地道："造成今天这种局面，难道不是你当初怂恿孤王的结果吗？"

他不等费无忌开口又接着道："如果真要问罪，孤王应该找你费无忌才对！"

费无忌一听这话，顿时吓得魂飞天外，整个人都趴了下去，匍匐着来到楚平王的面前，像一只受了委屈的家猫一般，紧紧地抱着楚平王的脚，哭道："大王饶命！大王饶命！微臣一片忠心，从始至终都在为大王您而担忧，竭尽所能地为您鞍前马后，从没有半点儿私心，苍天可鉴，日月可明啊！大王……"

见费无忌哭得一把鼻涕一把泪的可怜样儿，楚平王的心忽然又软了下来，气也消了一半。

毕竟费无忌是自己身边的人，倘若真的降罪把他处理了，日后很难再找一个肯全心全意为自己办事的人了。

他重重叹了一口气，对着跪在脚边已哭成泪人的费无忌说道："如今弄成这个局面，你要负全部责任。"

费无忌低着头，抹着眼泪，依旧在求饶："罪臣知错，罪臣知错，请大王给罪臣一个机会，罪臣还想继续在您身边伺候您，绝不会再让您失望。"

此刻，费无忌已经不用"微臣"而是特意改用"罪臣"二字自称，来向楚平王示弱，以此来博取楚平王的同情。

楚平王一看他这般模样，心再也狠不起来，只是喃喃自语道："如今太子建对孤王肯定是怀恨在心，留在身边恐迟早会成大患……"

这时候，楚平王心里忽涌起了一丝杀念，想将自己的亲儿子太子建一不做二不休给处理了。

在那个年代里，君王后宫佳丽三千，而儿女更是多得数都数不清，因此偶尔失去一两个孩子也不会觉得有多心疼；加之太子建的生母原先是蔡国人，姿色在楚平王的后宫三千佳丽中并不出众，性格也不讨喜，所以楚平王并不宠爱她，后来要不是因为她生了太子建，母凭子贵，楚平王说不准都会将她赶出宫。

但转念一想，太子建贵为王子，不但是将来王位继承者，也是自己的亲生骨肉，何况整件事从头到尾都是自己理亏在先，倘若就这么杀了太子建，传扬出去，那自己这堂堂一国之君，岂不成了天下人的笑柄，满朝文武官员也都会对自己指指点点，说三道四。

正在犹豫之际，只听费无忌又道："大王，罪臣忽想到一计，保证能为大王您化解此烦恼，恳请大王给罪臣一个将功补过的机会。"

楚平王道："你又有什么计策？"

费无忌一见楚平王的态度比方才又缓和了许多，知道自己的这条命算是保住了，便大胆地说道："大王可派太子去城父（今安徽省亳州市谯城区东南边陲）以太子的身份镇守边陲，如此一来，既可以为边关将士鼓劲儿打气，您又可以省去心中忧愁，眼不见心不烦，太子就算对您有怨气也不敢不从，而且朝中大臣们也不会对您有所非议，这岂不是一石三鸟？"

楚平王一琢磨，费无忌说得有些道理，于是点点头，表示赞许地道："你这会儿出的主意倒是不错，值得一试。"

于是，在楚平王六年（公元前523年），楚平王采纳了费无忌的建议派太子建去镇守城父。理由则是派太子建管方城以外，而方城以内则由楚平王自己管辖。

明眼人都能看出楚平王这步棋的用意是什么，只是大家秉着"看破不说破"的原则，隔岸观火罢了。

毕竟，不是每个官员都能像太傅伍奢那样刚正不阿，敢在君王面前直言不讳。

太子建知道这一切必定又是费无忌在背后搞的鬼，气得大发雷霆，在自己所住的东宫（古代宫殿指称，因方位得名，一般也指太子储君的住处）中砸碟摔碗，破口大骂。

可不管他怎么骂，怎么闹，最终还是要遵照楚平王的命令乖乖地择日起程去往城父，因为他不是普通人家的任性少年，而是楚国的王子，是楚国未来的君王。

就在所有的一切即将结束的时候，费无忌又开始作妖了。

如今太子建虽已远离都城，但费无忌还是不能安稳，总是担心日后会遭到报复，于是不断地在楚平王面前中伤太子建。

"如今太子虽然远在城父，但想必心中仍然对微臣十分痛恨，连带着对您也有很大的怨气。"

现在楚平王只要一听到有关太子建的事，脸色就十分难看。

此刻，楚平王的一张脸就已经拉得很长了。

费无忌道："太子在城父，专揽兵权，年纪轻轻就坐拥数万兵马，想必经常与其他国家的诸侯使臣来往，而且最近微臣听说太子正准备领兵攻打都城，虽然这种无凭无据的传言不可信，但是微臣心系大王安危，还是请大王要多加防备才是。"

突然屋内发出一声脆响，吓得费无忌浑身一激灵。

原来是楚平王将喝粥的玉碗重重地摔在了地上，玉碗被摔得粉碎。

"来人！"

随着楚平王一声如天雷般的呼唤，一名太监总管从外面低头垂手，踏着小碎步赶忙走了进来。

楚平王对这太监总管说道："给我把太傅伍奢叫来。"

太傅伍奢一听楚平王要见自己，立刻就预感到了不会有好事。

果不其然，他才刚见着楚平王的面还没来得及说上话，就被楚平王劈头盖脸地骂了一顿。

"你看看，你把我儿子都教成什么样子了？为了一个女人现在居然要造反率兵来攻打都城。"

伍奢抬眼瞧了瞧此时站在楚平王身侧，满脸挂着得意笑容的费无忌，心知这一切必定是费无忌在背后捣鬼造谣的结果，于是道："大王，您为什么宁愿相信毫无血缘关系的小人也不肯相信自己的亲生骨肉呢？"

这句话一出口，楚平王顿时被问得哑口无言。

就在这时，一旁的费无忌忽然说道："大王，千万不可听他胡搅蛮缠，今日倘若不制住伍奢，日后他与太子二人联手里应外合，必定会成为我楚国的一大隐患哪！"

楚平王一拍大腿，对费无忌道："言之有理。"

不管怎样，现在太子建远在城父，属于"将在外，军令有所不受"的状态，再加上之前秦国公主的事，因此本身就充满了疑点，而太傅伍奢又恰巧是太子建最尊敬的老师，二人感情可见一斑，日后倘若太子建真的举兵来犯，伍奢必定与他串通一气。

一想通了这些，楚平王就觉得此时此刻必须先下手为强，拿下伍奢，片刻都不能耽误。

于是，他立刻命左右殿前武士五花大绑地将伍奢四足捆住关进了大牢，之后又派从城父刚回京复命不久的司马奋扬（"司马"为官称，并非姓氏，主要掌管军中的纠察、司法等事；他实名奋扬，姓氏却无从考证，因而文中暂且称作"司马奋扬"）再返回城父将太子建召回接受政治审查，其实就是想借机杀了太子建，以绝后患。

但好在这司马奋扬虽也是在楚平王身边做事，心却不像费无忌那般坏。

他是一个比较正直而且有大义的人，知道费无忌在陷害太子建，不想看到太子建因此事而被楚平王杀害，更不想看到楚国之后的混乱，于是就暗中派人先行一步赶去城父向太子建告密，自己则似外出踏雪寻梅般不慌不忙地向城父而去。

另一头，在城父的太子建一得到风声，立刻召集自己身边的亲信连夜开了个紧急会议。

经过众人一番商议讨论，太子建最终听取身边几位谋士的建议，逃往与自己关系交好的宋国（今河南省商丘市）寻求政治避难。

如此一来，等司马奋扬到达城父之时，太子建早已消失得无影无踪。

"没办法，人已经逃跑了，我们总不能越过边境到宋国去抓人吧？"

这就是司马奋扬的解释。

但楚平王的命令是让他带着太子建一起回都城，现在太子建跑了，他的任务自然无法完成，而他自己也有甩不掉的罪责。

于是，司马奋扬让城父邑的大夫把自己押回都城去向楚平王谢罪。

楚平王一看，自己要见的太子建没来，派出去的司马奋扬倒是坐着囚车回来了，是又好气又好笑。

到这会儿，他心里其实已经大致猜到是怎么回事了，但还是忍不住要问司马奋扬："孤王很好奇，你临走之前孤王给你的旨意是从孤王的这张口中说出，然后传入你的耳朵里的，除了孤王本人与你，知晓此事的就只有少傅费无忌，那么问题来了，除了我们三人，这世上还有谁知道这件事，最后又是谁走漏了风声的呢？"

司马奋扬一听楚平王这么问，心知自己再编任何谎话都已是无用，便坦白地说道："是微臣给太子通的风。"

楚平王没有说话，但一双眼却如刀锋般锐利，死死地盯着司马奋扬的脸，等着他将话说完。

司马奋扬道："微臣至今记得，大王您曾经对微臣说过，要像对待大王您一样对太子忠心不二，这么久以来，微臣一直将您这句话铭记于心，时时刻刻提醒着自己，从不敢忘记。微臣心里清楚，大王您召太子回京的用意，但又不忍心看着太子遭受冤屈而死，因此只能先派人通风于太子，再按大王先前的嘱咐执行。如今太子人已逃至他国，而微臣违背了您的旨意，微臣追悔莫及……”

在太子建离开都城去往城父之前，楚平王曾暗中给司马奋扬下了一道艰巨的任务，那就是要时时刻刻地在太子建身旁，像对自己一样忠心不贰地守护着太子建，不得有半点儿闪失。

现在看来，司马奋扬不但依照楚平王的指令做了，而且执行得很彻底。

但司马奋扬不知道的是，自己如此的忠诚，反而让楚平王十分的头疼。

因为楚平王当初让他守护太子建只是表面的意思，实际却是让他做自己的"眼睛"时时刻刻盯着太子建的一举一动。

楚平王问司马奋扬："即使如此，你还敢回来见孤王，难道不怕孤王拿你问罪吗？"

司马奋扬回答道："微臣没有依照大王您的吩咐将太子建带回来就已经是重罪一件，如果微臣再不回来，那就是罪加一等了，因此臣不敢。"

说罢，司马奋扬跪倒在地向面前的楚平王磕了一头，表达自己的真诚谢罪。

楚平王眯起双眼死死地盯着跪在自己面前的司马奋扬，却许久都没有再说一个字。

显然，司马奋扬是个大大的忠臣，如果自己因为太子建的事而降罪于他，朝中大臣们肯定会对自己有所非议，即便嘴上不说，但心里也会想。

那些整天跪在朝堂之上，对着自己高呼"千岁"的文武百官，背地里却无时无刻不在诅咒自己一命呜呼。

一想到这些楚平王就恶心得要吐。

而相比朝中那些阳奉阴违的大臣，司马奋扬才是真正的忠臣，因此大义所在，杀之不祥。

"唉……"楚平王的声音听起来充满了无奈，"你还是像以前那样，回到城父去做事，以后如果没有特别的事情就不用来见我了。"

说罢，他向跪在地上的司马奋扬挥了挥手，示意对方离去。

司马奋扬一见楚平王没有怪罪自己反而放自己回去，连忙又

"咚咚咚……"重重地连磕了几个响头才起身离去。

司马奋扬的人前脚刚一走，在楚平王身旁一直沉默许久的费无忌终于按捺不住开口了：

"大王，司马奋扬可以无罪，但太傅伍奢却不能。"

楚平王道："伍奢如今已经被孤王关入了大牢，手脚都戴着镣铐，还能掀起什么风浪？"

只听费无忌说道："太傅伍奢的人现在虽然在大牢里关着，但您别忘了，他膝下还有两个儿子……"

他并没有将这句话说完，而是只说了一半，因为他知道楚平王一定能领悟他的意思，而且一定会追问着让他把后半句也说出来。

果然，楚平王很快便对着费无忌说道："你又想到了什么？说出来吧。"

于是费无忌连忙道："太傅伍奢的两个儿子伍尚、伍子胥目前还是自由之身，听到自己父亲被关进大牢一定会想方设法地逃走，如果大王不派人将其捉拿，日后让其逃到了他国，为他国出谋划策，引兵来犯，必将成为我楚国的一大祸害。"

楚平王抚着腮下的胡须，微微点了点头，道："言之有理。"

楚平王紧接着又道："但这会儿，伍奢那两个儿子恐怕早已知晓自己的父亲遭了劫难，如果就这么硬生生地派人去抓，他俩未必会乖乖地束手就擒。"

费无忌笑了笑道："这个不难。"

楚平王道："哦？"

费无忌道："大王完全可以以免除太傅伍奢的死罪为条件将他俩引来，之后再……"

说到这里，他忽然又不说了，却抬起自己的一只手，在颈前做了一个抹脖子动作。

这个意思很明显，任何人都能明白。

如今太子建已逃，太傅伍奢也已被抓，按理说政敌都已除得干干净净，费无忌该高枕无忧了才对。

可事实证明，他连一点儿想要消停的意思都没有。

因为太傅伍奢的两个儿子伍尚与伍子胥皆有贤才，属于"德智体美劳"全面发展的高尖端精英，在当时的楚国百姓口中有很高的口碑。

尤其是伍子胥，年纪轻轻，已经是学富五车，文能安邦，武能定国。

正是由于以上几点，才使得费无忌绞尽脑汁，夜不能寐，誓不把伍家斩草除根，绝不善罢甘休。

而在那个将"忠、义、廉、耻、孝"看得比生命都重要一万倍的淳朴年代，很少会有人能做到不顾自己父母亲的性命，独自逍遥快活的，更何况是作为当朝大员太傅伍奢的儿子，伍尚与伍子胥哥俩就更不例外。

于是，楚平王便派了一个侍者到大牢里对太傅伍奢说："只要你写一封书信能将你两个儿子召来，你就能活着走出这牢笼，安安稳稳地度过余生，否则必死。"

太傅伍奢听罢，不由得哀叹一声，痛心地道："唉……恐怕大王的目的未必能达成。伍尚是肯定会来的，但伍员（也就是伍子胥）却未必会。"

侍者听了很好奇："哦，为什么？"

太傅伍奢道："伍尚为人正直，慈爱忠义，敢为节义而死，若听到大王可以免除我的死罪，必定会想都不想就来；而伍员则不同，他为人聪慧而有谋略，勇猛而喜功，知道来了是白白送死，自然也就不会来了。"

太傅伍奢分析得一点儿没有错，未来成为楚国最大忧患的就是他的这个小儿子伍子胥。

在多年之后的楚昭王十年（公元前 506 年），吴、楚两国大战之际，正是由伍子胥协同"兵圣"孙武带领着吴国大军踏破了楚国的大门，扒开楚平王的墓穴，对着已成白骨的楚平王尸身疯狂地鞭尸三百余下。

那场战役自然是非常惨烈的，几乎快让不可一世的楚国亡了国。

不过这些都是后话，咱们在后文中会有所提及，因此这里暂且不提，回过头来，接着上文继续往下讲。

楚平王不信邪，费无忌更不信，所以最后还是让派出的侍者拿着太傅伍奢亲笔写的书信去见了伍尚与伍子胥兄弟俩。

"大王交代得很清楚，只要你们进宫去见大王，就可以赦免太傅伍奢的死罪。"

伍尚、伍子胥兄弟二人是何等的聪明，瞬间就识破了楚平王

与奸臣费无忌的诡计。

"看来，大王这是要将我伍家满门抄斩哪！"伍子胥对伍尚道，"大王召我兄弟进宫面见明显是一个幌子，他并没有打算让父亲活命，但又怕我们逃跑，产生后患，所以才会用父亲来做要挟，等我们一进宫，他正好将我们父子三人一起杀了。"

他此刻已动了杀心，想将楚平王派来的侍者杀了后与兄长二人一起连夜逃往他国隐蔽起来，积蓄力量，等羽翼丰满之时再返回楚国为父亲报仇。

"不如我们现在就杀开一条血路，一起逃往他国，凭你我兄弟的才能一定会有大的作为，而我们则可以借助他国的力量攻打楚国，为父亲一雪前耻。"

但伍尚的想法显然与他不同。

只见伍尚苦笑着叹了一口气，道："你以为我没有想到这些吗？可对于我而言，亲耳听到自己父亲会被处以死罪却置之不理，那是不孝。"

他接着又道："父亲此番用意，是怕我们兄弟二人与朝廷作对，以卵击石，白白送了性命，所以才苦心孤诣，可我若不去见他这最后一面，不但心里会有所遗憾，日后也必定会被天下人耻笑唾骂。"

他看着伍子胥，抬手搭在他的肩头，说道："你我虽是兄弟，但性格却大不相同，我知道你肯定咽不下这口气，也绝不会去白白送死，所以快走吧，保住你的性命，日后为我和父亲报仇，我已决定留下来进宫赴死，不用再劝了。"

显然，在伍尚的认知中自己如果不去宫里见楚平王就等同于违背了父亲伍奢的意愿，是不忠不义不孝的表现。

伍子胥见兄长心意已决，自己也无法说服他，于是只能选择自己逃走。

但这时候，伍家院外早已被楚平王派来的大批兵卒所包围。

这些兵卒个个都是年轻力壮、身经百战的好手，别说是人，就算是只苍蝇也很难从他们眼皮底下飞出去。

但伍子胥不管这些，他若想走，自然有他的办法，别人想拦也拦不住。

就在这时，他随手抄起挂在墙壁上的弓箭，二话不说，一个箭步来到院外，抬手对着楚平王派来的侍者头顶上的帽子"嗖"

地放出一箭。

这侍者虽然领着大批兵丁来到伍家，却万万没想到伍子胥会如此大胆，顿时被吓得魂飞天外，连滚带爬，转身就跑。

就在这时，耳边只听"嗖嗖嗖……"又有几支离弦箭从伍子胥手中射出。

原先在侍者身旁两侧的七八名护卫见状，也来不及思考，连忙一拥而上，护住侍者连连向身后大门处退去，场面顿时一片混乱。

而伍子胥本人则趁这机会，越墙而逃。

此时正是月黑风高的时候，四下一片昏暗寂静。

先前留守在伍家院外的兵丁们一听到院墙内有叫喊声，纷纷冲进了院中，因此只留下了一辆侍者来时乘坐的马车和一个驾车的马夫以及此时几匹扎堆在墙角正低头专心吃杂草无人看守的马儿。

几匹马中当属一匹通体雪白、四蹄修长、膘肥体健的白马最是突出惹眼。

从墙头翻越下地的伍子胥一眼就瞅见了此马。

此刻，事态紧急，根本不允许他犹豫，他赶紧上前翻身上了白马背，用手中长弓做马鞭，用力一拍白马屁股，顿时健马长嘶，踏着月色，绝尘而去。

也就从这一刻起，伍子胥踏上了永不回头的复仇之路。

二、太子建的悲惨结局

逃出楚国的伍子胥第一时间便满含热泪地对着楚国的方向连磕了三个响头。

这并不是因为他离开了自己出生长大的故乡并再也回不去而伤心难过，而是为了再也见不到的父兄及家人，从此他们将阴阳两隔，他感到悲恸欲绝。

逃出楚国的他本打算去往当时与楚国敌对的吴国。

但怎奈当时的吴国离楚国实在太过遥远，他一逃难之人，身无分文，一口气要跑到那么遥远的地方实在难如登天，不切实际。

而与他有相同命运的楚国太子建这时已到了宋国，并且得到了宋国的政治庇护。

这宋国是周朝旗下的一个诸侯国，国都位于商丘，国君子姓，宋氏，其疆域包括了今天的河南省东北部、江苏省西北部、

安徽省北部、山东省的西南部。

西周初期，周公旦辅佐周成王平定三监之乱，遵循"兴灭继绝"的传统，封商纣王的兄长微子启于商朝的旧都商丘，建立宋国，特准其用天子礼乐奉商朝宗祀，与周为客。

因此，这宋国在众诸侯国中的地位还是不低的。

思来想去，伍子胥最终决定还是先去宋国投靠太子建。

他相信以他伍子胥的能力加上太子建的威望两人合在一起，必定能最终完成复仇大计。

一路无话。

却说这一日，伍子胥千辛万苦终于来到了宋国，并与太子建见了面。

两个身背仇恨逃难到他国的故人相见，自然是少不了感慨万千。

伍子胥将自己连日来的所思所想一股脑地全部向太子建吐了出来。

他认为，如今太子建虽逃难到了宋国，但宋国却没有将太子建当作逃难之人，而是一直将他当作上宾对待，因此太子建完全可以借助宋国的势力向楚平王复仇。

太子建听完了伍子胥的话后，长长哀叹出了一口气道："伍员，坦白地说，你这计划我之前也想过，但可惜的是，以宋国内部目前的局势来看，要实现这计划恐怕难如登天啊！"

伍子胥一蹙眉道："哦，此话怎讲？"

于是，太子建便将目前宋国国内的局势一五一十地向伍子胥叙述了一遍。

原来，此时的宋国内部发生了著名的"华氏之乱"，弄得宋国上下鸡犬不宁，一片混乱。

这所谓的"华氏"可不是一个人的称呼，而是一个家族。

书中代言，在宋国，华氏一族和另外一个向氏家族可以说是大而不倒、呼风唤雨的两个存在，两家所有的子孙，包括旁系成员都在宋国的朝野内担任要职。

可以说，整个宋国，有一半是掌控在这两家世袭贵族的手里。

无论哪一朝、哪一代的政权，一旦出现了这种势力与影响都超过君王的存在，自然而然就会引起君王的警惕。

华氏与向氏两家的情况自然也不例外。

加之此时，宋国的君主宋元公又是个出了名的不讲信用、过河拆桥的人，而且他私心很重，小肚鸡肠。

自他当政之后，一直想独揽大权，将势力庞大的华氏与向氏家族挤出宋国权力的中心，因此处处打压华、向两家。

宋元公十年（公元前 522 年）。

华氏家族中的两位当家人华定与华亥因为实在受不了宋元公的政治打压，决定拉拢与自己同病相怜的向氏一族谋划出路。

他们找到向氏一族当时的当家人向宁商议。

向宁的意思是离开宋国，去往他国谋生。

他认为以华氏、向氏两家的实力与威望，到了他国一样能够干出一番大事。

但这种想法却不被华定、华亥两人认同。

"我们华氏一族与你们向氏一族世代为宋国大族，宋国能有今日的成就也都有我们两家的功劳，如今大王不仁想打压我们，我们就这样走了岂不成了丧家之犬？"

向宁道："那您二位的意思是……"

华亥道："既然大王不仁，我们也可以不义，为今之计只有先下手为强，才能掌控主动权。"

华定与华亥的计划其实很简单，也很实用，那就是苦肉计——装病，以此来作为诱饵，引宋元公派人来探望。

两人一连十天半个月待在家里装病，大门不出，二门不迈，也不去上朝议事。

宋元公觉得很奇怪，但又不清楚这两人搞什么鬼，于是就派自己的几个儿子和大臣借着慰问的名义前去查探。

不料，宋元公的这一举动恰巧中了华定与华亥两人的计策。

他们大摆筵宴，将前来探望的宋国公子、大臣们以贵宾的礼仪款待，并小心伺候，等对方完全放松警惕之后，再翻脸，将对方扣押起来。

一连几日等不到回报的宋元公起了疑心，但又不敢轻举妄动，于是决定亲自走一趟，便带了一众身经百战的亲卫去往华亥家。

一到华亥家，宋元公便向其质问起几位公子的下落，而华亥则早已在家中安排好了埋伏，当场便与宋元公撕破脸皮，一声令下，数十名身手矫健的家丁瞬间从院中四面八方涌出，将宋元公等人团团围在当中。

陪同宋元公前来的亲卫虽各个也是一等一的好手，但架不住华亥一方人多势众，双拳难敌四手，几个回合便败下阵来。

于是，作为宋国的国君宋元公就这样被华定、华亥两人给劫持并关押在家中。

此事很快便在宋国境内传开，一时间闹得沸沸扬扬，人心不安。

而伍子胥则赶巧不巧，偏偏在这个混乱尴尬的时候来到了宋国。

听完太子建的叙述，伍子胥的心中不免又开始惆怅起来。

他历经千辛万苦，冒着生命危险才从楚国逃到了宋国与太子建相会，本以为苦难已到头，剩下的时间只需要养精蓄锐，伺机而动即可，没想到眼下苦海无边，他逃难漂泊的日子还远远没有结束。

此刻两个人相对而坐，却双双陷入了沉默。

接下来的路该如何走，这对于伍子胥与太子建来说显然是个艰难的选择，一旦选错了方向，后果将不堪设想。

过了大约半盏茶的工夫后，伍子胥才又忽然开口说道："臣有一想法，不知当讲否？"

太子建道："都到了这个时候，有什么想说的，你尽管说就是了，不必有顾虑。"

伍子胥道："既然宋国现在发生了这么大的内乱，显然已不适合再待下去了，太子不如与臣一起去郑国如何？"

太子建一想也是，天下诸侯多如牛毛，自己没必要非吊死在宋国这棵歪脖子树上。

"好，那我俩就别耽误时间，这就起程去郑国。"

于是当下君臣两人便即刻收拾行囊连夜赶赴郑国避难。

一到了郑国，太子建与伍子胥便受到了郑国最高规格的接待。

郑国此时的国君是郑定公。

他对待太子建就像对待自己的亲人一般，不仅给他安排了最好的住处，吃最好的饭菜，还很贴心地安排了百八十名奴仆丫鬟，一天十二个时辰轮班待命伺候着。

太子建没想到自己在郑国竟会受到如此高的待遇，一时间也是喜出望外，认为自己与伍子胥离开宋国，来到郑国这个选择是对的，于是便趁着与郑定公会面相谈之际，将自己与伍子胥两人筹备许久的复仇大计毫不避讳地说了出来。

他的用意是想借助郑国的力量帮助自己复仇。

但太子建的话刚说到一半就见郑定公脸上露出了为难之情。

"不是孤王不愿意帮你，只是我郑国军事实力比起你们楚国，那真是蚂蚁对大象，实在太小了。"郑定公苦笑着说道，"如果你只是想找个安身之所，我郑国可以保证你楚国太子建一生平安，而且在生活待遇方面也会和之前你在楚国一般无二，绝不会亏待于你半分。可你若是想要返回楚国向你父王楚平王报夺妻之仇，对不起，我弱小的郑国实在是爱莫能助啊！"

太子建听罢，心顿时就沉了下去，人也坐不下去了，立刻起身告辞。

回到住所，一见到在此等待消息的伍子胥，太子建忍不住又是连连叹息。

伍子胥一见太子建一脸凝重神情，便知此行没有什么好消息，于是便开口说道："既然郑定公不肯帮助咱们，那咱们再待下去也是毫无意义的，不如再去他国试试。"

太子建叹息道："我们还能去哪儿？"

他的口气中充满了失落。

宋、郑两国的失败经历对他的打击实在不小，他只怕下一站的结局也是如此。

伍子胥道："太子您不用灰心。宋、郑两国既然都帮不了咱们，咱们就再去其他诸侯国试试，天下之大，我相信总有一个诸侯国国君愿意向我们伸出援助之手。"

太子建忽然道："那以你之见，晋国如何？"

晋国是老牌的诸侯国，其国君始祖是周初时期周武王姬发之子、周成王姬诵之弟唐叔虞，曾被天子分封为侯爵，国号为唐，其子燮即位后改国号为晋。

太子建此刻提出想去晋国，显然是看中了晋国国君与周天子的血亲关系以及晋国并不薄弱的军事实力。

太子建表面上虽在寻求伍子胥的意见，实则心中却早已做好了决定。

伍子胥自然明白这个道理。

既然太子建心中已有了答案，那他作为辅佐太子建的臣子自然也不该再多废话，只需要顺着太子建的意思说即可。

　　眼下，他与太子建是同一根绳上的蚂蚱，就应该齐心协力，只要最终能完成复仇大计，他什么都可以付出。

　　"晋国是老牌的诸侯国，晋国国君与周天子又有血缘之亲，而且晋国的军事实力也不弱，我们如果能得到晋国的支持，那真是再好不过了。"

　　听到伍子胥这么说，太子建心里总算舒服了些。

　　和聪明智慧的人在一起，通常都不需要多费口舌。

　　于是，太子建与伍子胥二人又再次起程离开了郑国前往晋国。

　　此时正是晋国晋顷公当政。

　　他对太子建也是非常热情，刚一见面就拉着太子建的手嘘寒问暖。

　　"有朋自远方来，不亦乐乎！你能来我们晋国，孤王十分高兴。"晋顷公说道，"你的事孤王都已经听说了……唉，想不到楚平王作为一国君主竟然做出这种违背伦理之事，实在是令人发指。"

他接着道："既然来了，就把这当成自己家，有什么需要的也别客气，尽管提，孤王都会满足你。"

晋顷公此番言语虽然说得慷慨激昂，豪气干云，实则却在一直观察太子建脸上的表情。

他知道太子建此番前来必定是有求于自己，绝对不会只是单纯地寻找个安身之所。

太子建见晋顷公对自己如此热情，一时间是既高兴又为难。

他不知道自己是否应该将与伍子胥二人商议的借兵复仇计划向晋顷公说出来。

他怕晋顷公会和郑定公一样，虽然愿意收留自己，但若提到借兵复仇之事就犯难。

晋顷公老奸巨猾，早已猜透了太子建的心思。

他见太子建坐在那里别别扭扭半天说不出一个字，料想定是想为自己借兵返回楚国复仇，但又怕自己拒绝，所以一时间进退两难。

他伸手捻着腮下长胡笑道："楚国太子不会是想问孤王借兵返回楚国复仇吧？"

太子建没想到自己的心思竟会被晋顷公一语说中，顿时双颊一红，立刻向晋顷公坦白道："不瞒您说，我此次前来，正是为了此事，希望晋国国君能助我一臂之力，事成之后我愿……"

他的这句话还没说完，却已经被晋顷公打断。

只见晋顷公一摆手道："千万别说什么成功之后许诺报答的话，孤王是真心将你当作朋友，所以也希望以真心换真心。"

太子建一听这话，心中顿时激动起来："那这么说，您愿意助我一臂之力了？"

晋顷公道："借兵什么的都是小事，只要你需要，我晋国数十万大军可以随时动身，只是孤王有一事，也希望楚国太子能不吝啬地帮忙解决一下。"

太子建只注意到晋顷公前半句"愿意借兵"给自己返回楚国复仇，却完全没多想一下晋顷公的后半句话，于是他便想也不想地立刻说道："您有什么需要我帮忙的也尽管说，只要我能做到的一定全力以赴地为您去办。"

晋顷公道："其实这件事说难也不难，说容易也不容易，若交给别人去办未必能成，但交给你却一定能成。"

太子建说道："不知您交给我办的究竟是什么事呢？"

晋顷公没有直接回答太子建的话，而又是一笑道："听说，楚国太子你和郑定公关系很好是不是？"

太子建不知晋顷公为什么会突然问起这事，于是只好实话实说道："郑定公待我如上宾一般。"

晋顷公微微点着头道："哦，那看来关系是不错了。"

他接着说道："不瞒你说，晋国与郑国这些年来关系一直不太好，郑国一直都想吞并我们，但孤王作为一国之君也不能坐以待毙，任人宰割。"

太子建在听。

晋顷公说道："所以孤王就在想，楚国太子你能不能帮个小忙，返回郑国去做孤王的内应，看看郑国最近有什么军事动向，及时通报孤王一声，也好叫孤王有个心理准备，到时咱们里应外合，灭了郑国。"

太子建显出了为难之色。

"这……"

晋顷公道："楚国太子放心，孤王绝不会亏待于你，事成之后，孤王就将郑国一半的国土让给你。你可以在这里建立自己的国度，招募兵卒，养精蓄锐，等到兵强马壮之时，孤王会与你一同出兵反攻楚国，为你报仇，一雪前耻。"

他怕太子建不答应，于是又赶紧说道："楚国太子若不放心，孤王此刻便可与你歃血为盟，成异姓兄弟，日后有难同当，有福同享。"

说干就干，晋顷公拉着太子建的手便开始命身旁宫女、太监准备相应之物，烧黄纸，点高香，叩天跪地。

太子建毕竟年轻，如此一来，便真相信了晋顷公，与其成了结拜兄弟。

伍子胥知道此事后，劝太子建道："太子这一步走的可是险棋，若失败了，那后果不堪设想，臣奉劝您一句，一定要三思而后行，不可轻信任何人。何况这种事本身就是违背良心的。"

太子建道："我明白你的意思，但为了完成我们的复仇大计，我愿意冒这一次险。"

伍子胥还要再说，却被太子建无情地打断了。

只听他说道："胆小难把将军做，怕死还得见阎王，你就不用再说了，我心意已决，就这么办吧！"

伍子胥见太子建一副吃了秤砣铁了心的样子，也只好作罢。

于是没过几天，太子建与伍子胥便又告别了晋顷公，起程回到了郑国。

郑定公也没多想，见太子建又来了，便又像之前那般，以贵宾的礼仪，好酒好菜地招待太子建。

郑定公道："看来我们彼此真是有缘，这么快就又见面了。"

太子建道："我到了晋国后，发现晋国国君阴险狡诈，不是个能长期交往的人，和您的为人比起来那简直是一个天上，一个地下，所以思来想去，最终还是决定返回郑国来。"

郑定公听到这番话，十分开心，忍不住大笑道："这叫什么你知道不？"

太子建眨眨眼，不明就里地问道："叫什么？"

其实他并不是真的不懂，而是装作不懂。

郑定公道："缘分啊！这就说明咱俩之间有缘，哈哈哈……"

太子建立刻附和道："既然这么有缘，那咱俩结拜为兄弟如何？"

他将晋顷公对他的套路如法炮制用在了郑定公的身上。

此时两人边说边喝七八坛老酒下肚，郑定公已经有了六七分的酒意，正是天不怕地不怕，豪气干云的时候，一听这话，当场拍案叫绝。

"你这话算是说到我心坎儿里去了，孤王正有此意。"

他说罢，立刻向旁伺候的太监、宫女们一挥手道："快去准备黄纸、香炉等相关物品，孤王今日要与楚国太子结拜。"

太子建见状，立刻端起面前酒樽，非常识时务地说道："来来来，大哥，小弟敬您一杯，以后就指望大哥罩着了。"说着，将杯中的酒一饮而尽。

郑定公道："此言妙哉！孤王喜欢！哈哈哈……"

两人就这样，你一杯我一杯地喝着，一直从头天傍晚喝到第二日清晨才算结束。

就这样，太子建算是骗过了郑定公，在郑国住下了。

但他终究不是个能耐得住性子的人。

这世上的规律是，耐不住性子的人往往也都难成大事。

因此，太子建的命运注定是悲哀的。

第一章　归飞越鸟恋南枝，劫后余生叹数奇

这不，一边举事的时机还没成熟，而另一边赶巧太子建因为个人的私事要将身边的一名随从杀掉。

这名随从跟随太子建多年，知道的秘密实在不少，就连太子建与晋顷公两人的合谋计划，他也十分清楚。

为了保住性命，这名随从就连夜从太子建的府邸逃出去见了郑定公，将太子建此次返回郑国的真正目的一五一十地向郑定公全部坦白。

郑定公听罢，当场大发雷霆，将太子建祖宗十八代都问候了一遍。

"我对你掏心掏肺，拿你当亲兄弟看待，想不到你居然吃里爬外，想和晋国一同来灭我郑国。"郑定公骂道，"既然你不仁，也休怪我不义，孤王今夜就先下手为强宰了你再说。"

当晚，郑定公和亲信的大臣子产商议后，便派出人马冲入他为太子建安排的府邸，将正在呼呼大睡的太子建从床榻上揪了起来，一不做二不休，当场将他割下头颅杀死。

就这样，从楚国逃出来，背负着被自己亲生父亲夺妻的耻辱，辗转避难于宋、郑两国，颠沛流离的太子建，最终却不明不

白地死在了他乡。

这是他的不幸，也是他的命数。

倘若他能沉得住气，三思而后行，肯静下心来多想一想，从多方面去衡量利弊，或许结局会不一样。

在他危难之际，宋、郑两国都给他帮助，可怜他的遭遇，但他却不知感恩，完全被"复仇"二字冲昏了头脑，竟然想帮助晋国偷袭郑国，结果导致了悲惨结局的发生。

三、画影图形，捉拿伍子胥

花开两朵，各表一枝。

咱们回过头来再说一说楚平王与费无忌这边的情况。

就在伍子胥逃离楚国不久之后，伍尚及其父亲太傅伍奢就一起被楚平王处死。

不仅如此，伍家上上下下连同丫鬟、仆人上百口人被朝廷灭族。

在临刑前太傅伍奢听说小儿子伍子胥逃走的消息，忍不住再次叹息着道："胥儿逃走，楚国就有危险了，他日楚国君臣必定要遭受一场苦难的战火。"

楚平王与费无忌并没有就此罢休。

伍子胥一天不死，他们一天无法安宁。

往往越是用尽心思去陷害他人的人，越会担心遭到报复。

而费无忌就是这种人。

自从得知伍家还有一个伍子胥安然无恙地活着后，他整宿整宿愁得睡不着觉，头发都薅掉了一大半，才最终想出一个能让自己安心的法子。

这天清晨，费无忌早早就进了宫来见楚平王。

楚平王一边用着早膳，一边好奇地问道："费无忌，你今日怎么来得如此早？"

费无忌声音显得十分兴奋地说道："大王，微臣经过这几日苦思冥想，终于想到了一个极好的办法能够将逃犯伍子胥抓回来。"

"哦，什么办法？"楚平王一下也来了兴趣。

"您可以命宫廷画师将伍子胥的模样画在羊皮上作为模板，之后再复制分发至全国各郡，以全国之力悬赏缉拿伍子胥。"

那个年代，纸还没有被发明出来，所以大多时候，人们都是用竹简或者动物的皮来进行书写绘画。

楚平王赞同道："你这个主意不错，可以一试。"

于是，在楚平王的命令之下，几十名宫廷画师会聚一堂，连夜将伍子胥的相貌特征画了上千份，分发到楚国的各个郡县，大街小巷，贴得到处都是。

但螳螂捕蝉的时候，通常是注意不到身后还有黄雀存在的。

费无忌与楚平王的计划虽然十分周全，几乎毫无破绽，但还是有一点儿漏洞。

所谓差之毫厘，谬以千里，有时候看似只是一点点儿的漏洞，往往决定着整盘棋的布局走向。

对于楚平王与费无忌来说更是如此。

他二人虽然谋划得很好，却千算万算就是没有想到伍子胥有个叫申包胥的好朋友。

这位申包胥当时担任着楚国的大夫，镇守边境关卡——昭关。

这昭关乃是当时天下第一大关，地处陈、楚、吴三国边境的交界点，但其管辖权却在强大的楚国手中把控着。

能带兵镇守如此重要的关口，可见申包胥的地位也是非常重要的。

在太子建死后，伍子胥白天躲藏，夜里赶路，几经周折，终于逃离了郑国来到昭关，申包胥却早已接到了楚平王下发到全国缉拿伍子胥的指令，正带领着兵丁在边境处严防死守等着伍子胥的现身。

此次跟随伍子胥一起从郑国逃出来的还有太子建的子嗣，名叫"胜"。

当晚郑定公的人马闯入太子建府邸，杀死太子建的时候，这位年幼的公子胜却没有死，被伍子胥拼死救了下来。

太子建被杀，也牵连了伍子胥。

太子建本来是他的依靠，两人是抱团准备一起蓄势待发，返回楚国复仇的，如今太子建却被郑国国君给杀了，这让他顿时慌了。

他连夜带着太子建的孩子胜直接向着吴国方向跑。

而当乔装改扮的伍子胥和公子胜来到楚国边境处昭关时，才发现这里戒备森严，别说是人，就算是苍蝇也未必能飞得出去。

这一幕令伍子胥非常紧张，因为他现在不仅是楚国朝廷通缉的逃犯，更是郑国通缉的要犯，因此生怕被官兵抓获遣送回去，于是连忙抱起年幼的公子胜闪身躲进了道旁的树林之中窥探外面的情形。

　　等到这支兵丁走近时，伍子胥才看清，原来领头的长官不是别人，正是自己的好朋友申包胥。

　　这一发现令他十分激动，恨不得立刻冲出树林去与申包胥相会，但那批队列整齐、威武雄壮的楚国大兵又使他不敢迈出一步。

　　公子胜虽年幼却也懂事。

　　他知道眼下情形非常危险，稍有不慎，便会有生命危险，所以心中虽然害怕至极，却始终不哭不闹。

　　而就在这时，伍子胥忽然想起了以前他少年时与申包胥在一起玩耍时吹的一种特殊的口哨音调，两人中无论是谁，只要一听到这口哨声就必定知道是对方在附近。

　　此时此刻的申包胥正骑在骏马之上，雄赳赳地走在兵丁的队伍前面，不怒自威，顾盼自雄，令旁人不敢轻易靠近。

第一章　归飞越鸟恋南枝，劫后余生叹数奇

自他接到楚平王缉拿伍子胥的命令到今天已有数月了。

在这些日子里，他每天都要亲自带领着边防的军队来回巡逻盘查数遍，在众多进出边境的人群中寻找伍子胥的踪影，生怕一时疏忽而犯下大错。

当然，在他内心深处其实是很不希望在这边境地带与伍子胥相遇的，毕竟他们是十多年的朋友，一旦相遇，他就必须要以朝廷官员的身份缉拿伍子胥。

因为这是他的职责，也是他的使命，他不想背叛朝廷，背叛楚平王的指令。

所以他只能在心中默默祈求着，希望伍子胥别出现。

"子胥呀，子胥，你可千万别出现在我眼前，尤其是在现在这种时候……"

但这世上的事，有时就是很奇妙，往往你越是担心什么，它越是要来什么。

就在申包胥心里这么想的时候，忽然从道旁的树林中传出一阵鸟叫声。

有鸟叫声并不奇怪，尤其是从树林里传出一阵鸟叫声。

但申包胥此刻听到的这鸟叫声却与其他的鸟叫声有着本质的不同，它由慢到快，急促而富有节奏，非常奇特，这世上除了申包胥外恐怕没有第二个人能听得出来。

于是申包胥找了个内急的理由，撇下身边兵丁，独自一人向着树林奔去。

来到树林后申包胥便看见一个身形消瘦、周身破衣烂衫、脏兮兮的叫花子正用一双含泪的眼睛盯着自己。

仔细一看，此人不是别人，正是自己的好友伍子胥。

老友相聚本是一件非常高兴的事情。

但眼下的伍子胥却是为了躲避仇敌追杀，而申包胥本应是要抓他的人，因此两人此时的心情都非常复杂。

但在那个年代肝胆相照的朋友是会为彼此两肋插刀的。

申包胥更是不例外。

所以，他是绝对不会为了功名利禄出卖朋友的。

因此两人在这一刹那再也压制不住内心的情感，紧紧相拥，痛哭在一处。

申包胥将伍子胥安顿在了一个非常隐蔽的地方，还引荐了当时的名流人物东皋公给伍子胥认识。

东皋公同情伍子胥的遭遇，愿意无条件地帮助伍子胥逃难。

他告诉伍子胥："现在外面都是抓你的人，到处贴的都是你的画像，所以千万别擅自行动，一切听我的安排。"

可一连六七天过去了，东皋公却一点儿消息也没有，甚至连个人影都没有再出现过。

这下伍子胥可急坏了。

他进退两难，夜不能寐，不知该如何是好。

眼下楚平王的人到处在搜捕自己，若自己擅自行动，很有可能会暴露行踪，落入敌人之手；可若继续在此处坐等东皋公消息，谁又能保证东皋公不会出卖自己？

他越想越极端，越想越觉得自己愚蠢至极，竟然如此轻易地就相信了仅见过一面的人。

"轰隆隆……"

黑暗的苍穹突然暴雨如注。

突如其来的暴雨仿佛一条看不见的鞭子抽打在了伍子胥的神经上，使他再也压制不住内心中的怒火。

他突然起身冲出屋子，在黑夜中狂奔不止，似疯子般大喊，仿佛要将内心里的所有痛苦、所有悲愤全都发泄出来。

暴雨淋湿了他的衣服，污泥也沾满了鞋袜，可他却一点儿也不在乎。

他跌倒，爬起来，再跌倒，再爬起来，最后终因体力不支跪坐在泥泞之中。

他双手紧紧抠着面前的泥泞，就像扼住了仇人的咽喉。

泪水、雨水，他都已经分不清了。

他想不明白，上天为何如此对待他？

他不甘心。

他觉得上苍对他不公。

他不能就这样苟活，他要复仇，要亲手杀死他的敌人，砍下对方的头颅。

这一夜，对于伍子胥来说注定是漫长的一夜，所以他没有睡。

等到第二日清晨，朝阳升起的时候，他无意中从铜镜中看见自己原先乌黑的头发已全白，整个人看上去也像是突然老了许多。

而也就在这一日，一连几天无音信的东皋公终于出现了。

当他看见头发全白后的伍子胥顿时也是一惊。

"你，你怎么短短几日之间竟白了头？"

伍子胥面对东皋公的问话却只是苦笑不答。

跟着东皋公一起来的还有申包胥与一个名叫皇甫讷的人。

这皇甫讷本是东皋公专门找来假扮伍子胥蒙骗守城官兵的，此时看到面前的伍子胥竟是这副模样，他不禁开始暗自担心起来，怕自己的假扮未必能骗得了官兵。

就在这时，只听一旁的申包胥忽然大笑着说道："白发也有白发的好处。"

伍子胥不懂。

于是申包胥向他解释道："这几天我与东皋公本是想让皇甫讷假扮你去蒙骗守城官兵的，这样一来你就有机会蒙混过关，逃出边境，去往他国避难。可眼下你既然已经变成了这副模样，谁还认得你？就算你堂而皇之地走到守城的官兵面前，官兵们也认不出你就是伍子胥本人，这真是你命不该绝，连老天都在帮你，哈哈哈……"

伍子胥一听，好友申包胥说得非常在理，如今自己这副模样，谁还能认得出自己？

于是当天，他没有做任何装扮，大摇大摆地带着公子胜出了关卡，守城的官兵们果然没有一个认出这个须发皆白的老者正是他们要缉拿的要犯伍子胥。

可是骗过了守城的官兵，却瞒不过楚平王和费无忌派出的缉拿队。

因为伍子胥虽一夜白头，变了模样，但假扮伍子胥的皇甫讷却没那么幸运。

为了能让伍子胥顺利通过关卡，皇甫讷还是按照原计划假扮成伍子胥的模样，替伍子胥去扰乱官兵们的注意。

不料，这种"自投罗网"的举动反而引起了前来捉拿伍子胥的缉拿队的怀疑。

这边伍子胥才刚过了关卡，另一边缉拿队人马便紧随其后。

本就晓行夜宿、饥寒交迫的伍子胥见此情景更是大惊失色，连忙带着公子胜向道旁的河边跑去。

天无绝人之路。

伍子胥注定是被上苍眷顾的幸运儿。

就在伍子胥认为自己已快走投无路之时，却意外地碰见了他这一生中的第一个贵人。

这是一位普通人家的年轻姑娘，正蹲在河水边洗着衣物。

逃难的伍子胥外形似野人一般，忽然从道旁的树林中冲了出来吓了她一跳。

"姑娘莫怕，在下并非恶人，只因有仇家追杀，连日来颠沛流离，因此才会如此狼狈。"

伍子胥连连向面前的姑娘赔礼。

姑娘见伍子胥和年幼的公子胜两人衣着破烂，神色慌张，的确是一副逃难之人的模样，于是便好心将自己随身携带的食物分给了伍子胥与公子胜充饥。

"小女子身上没有其他值钱之物，先生若不嫌弃，就将这些食物拿去充饥吧！"

她看伍子胥满头白发，误以为是位年纪很大的老者带着自己的孙儿，是以称其为"先生"。

人在心灵受到感动时就容易相信别人。

伍子胥自然也不例外。

要知道，在那个物资较为匮乏的年代，食物有时甚至比金钱更珍贵。

面前这位萍水相逢的姑娘居然愿意将食物分给自己，这种无意间的善举又怎能不叫伍子胥感动呢？

"谢谢姑娘大恩，若有机会在下日后必当涌泉相报！"

"不知先生为何会落难至此？"

一问之下便触动了伍子胥脆弱而敏感的心灵。

于是伍子胥忍不住便将自己这段时间以来的遭遇从头至尾向面前的姑娘叙述了一遍。

这姑娘听了伍子胥悲惨的遭遇之后，备受感染，竟忍不住流下了同情的泪水。

"想不到先生竟遭受了这么大的屈辱，真是令人心痛。"她看着伍子胥头顶上那三千银丝，忍不住问道，"不知先生日后有何打算？"

伍子胥仰天长叹道："我父兄均已死，家破人亡，本想投靠太子建辅佐他，并与其一起复仇。没想到最后连太子建也死在了郑国，如今我带着……"

他的话音刚落，立时就听见远处有大批人马由远及近地向自己这边而来。

伍子胥顿时慌了手脚，立刻起身抱起公子胜想要逃命。

但他很快又想到一个很严重的问题。

他这一路逃亡，一直都很小心，而如今却与仅有一面之缘的女子说了这么多自己的秘密，因此担心对方会出卖自己。

"如今我落难至此，已是天大的不幸，只恳求姑娘心善，千万不要向任何人说起我，就当没见过我这个人。"

谁知这姑娘却说道："奴家虽是女儿身，却也懂得'仁、义、礼、智、信'，先生若不放心，奴家此刻便可以性命作为担保。"

说到最后一个字，这姑娘居然突然一转身，想也不想，"扑通"一声投入了河水中，活活溺死。

这一幕让伍子胥和公子胜两人目瞪口呆。

伍子胥完全没想到，眼前这仅有一面之缘的姑娘居然会用这种以死明志的极端方式来守护自己的秘密。

伍子胥羞愤不已。

他当下咬破自己的手指,在河边的一块大石上用鲜血写下了一句话,以此来铭记这位姑娘的恩情。

"尔浣纱,我行乞;我腹饱,尔身溺。十年之后,千金报德!"

写完之后他含着热泪,起身带着公子胜快速沿着河岸边离去,不敢再多作停留。

就这样,伍子胥又侥幸躲过了一次追捕。

四、与公子光的合作

但一波未平,一波又起。

很快伍子胥就又遇上了一个新的难题。

这一日,带着公子胜逃难的伍子胥来到了江水边。

眼看江水波涛汹涌,使他不得不再一次停下了脚步。

这汹涌澎湃的江水哪是他凭一己之力便可渡过的?

可四处张望江边也没有一艘船的影子。

前有江水阻隔,后有追兵马上就到,这该如何是好?

"难道我伍员真的已走投无路了吗？"

人在情绪悲愤之时，常常会感到绝望。

尤其是像伍子胥这种敏感的人更是如此。

但就在他绝望至极的时候，江面上忽然出现了一条摆渡船。

一个渔夫装扮的老人划着桨，正向着江边驶来。

看见这条摆渡船，情绪低落的伍子胥忽然又燃起了生的希望。

他挥动着双手，并高声向摆渡船上的老人喊着："我要渡船过江！我要渡船过江！……"

还未等渡船完全靠岸，伍子胥便抱着公子胜纵身一跃，跳上了渡船。

不等老人开口，伍子胥已抢先道："船家，快快调头，离开此地，快！"

老人本想对伍子胥说两句，但见伍子胥神色慌张，言语急切，于是便将刚到嘴边的话又咽了回去，调转船头，向着吴国的方向划去。

坐船比走路可要快得多，仅仅几个时辰，渡船便顺着江水来

到了吴国的疆界内。

伍子胥一看远离了危险，心中的紧张与不安也渐渐地平息，可等到下船该付给老人坐船费用时，他才发现自己周身上下早已囊空如洗，没有一文钱。

无奈之下，伍子胥只好将自己一直佩戴的七星宝剑解下递给老人，说道："这把剑价值百万黄金，我出门急，忘了带盘缠，就将它给你当作我渡船的费用吧！"

老人看了一眼面前的宝剑，又看了看伍子胥，淡淡一笑道："按照楚国的通缉令，抓到伍子胥的人可得粮食五万石，再封侯拜相，加官晋爵，这里面，哪个不比百万黄金更吸引人？"

伍子胥听罢，顿时一惊。

他万万没有想到，自己如今外貌已完全大变样，连捉拿他的官兵都认不出，却被眼前的老人一眼识破。

"连封侯拜相、加官晋爵都不能使我动心，我还在乎你这柄宝剑吗？"

原来，伍子胥全家惨遭费无忌陷害，被楚平王处死，全国上下的有识之士都对他的遭遇充满了同情，都愿意向他伸出援助之手。

伍子胥心中顿时一热，忍不住热泪盈眶，连连向老人拜谢。

老人不但不收取伍子胥一分报酬，而且连姓名也不愿留下。就在伍子胥向他拜谢的时候，他已经调转船头，又向来时的路划去。

伍子胥发现后，在岸边大声道："老人家，可否留下姓名？"

只听这老人笑道："老夫本是一卑贱的渔夫，姓名不足挂齿，公子也不必想着报答了！"说罢，便划着渡船越行越远。

伍子胥望着老人远去的背影，拜倒在地，又"咚咚咚"连续磕了几个响头。

此时此刻，他只有用这种方式来答谢老人救命之恩。

告别了老人之后，伍子胥便带着年幼的公子胜来到了吴国都城。

在这里，身无分文、孤苦伶仃的伍子胥只能靠着走街串巷吹箫卖艺为生。

但他也没有甘于现状。

他历经千辛万苦来到吴国可不是为了做一个街头艺人。

他在吴国都城走街串巷期间，不断地四处打听，终于得知，此时的吴国君主是刚登基不久的吴王僚。

书中代言，这吴王僚一共有三个儿子，都非常骁勇善战，时常陪着吴王僚东征西伐，而且也都想继承他的王位，因此各个争先恐后地在他面前表孝心，三天两头送各种礼物讨他欢心。

但是除了这三位吴王僚的儿子外，还有一人也非常想坐上吴王的宝座，这个人就是吴王僚的堂兄弟公子光，也就是未来的吴王阖闾。

当然，这个时候的他还没有登基称王，所以只能称之为公子光。

吴王馀眛去世之后，有政治野心的公子光一直想登上君王宝座。

要知道，吴国是从吴王寿梦时期开始改革，逐步摆脱落后局面走向强盛的。

而吴王寿梦死后，他的四个儿子，前三个儿子诸樊、馀祭、馀眛相继即位，四子季札德能最高却无心王位，屡辞王位而不授。

馀昧死后，他的儿子吴王僚便登上王位成了吴国新一代君主。

这让有野心的公子光心里很不舒服。

他认为，自己的父亲与叔伯一共兄弟四人，分别是自己的父亲诸樊和馀祭、馀昧、季札。

而这几位当中，声望最高的就是季札，其次是自己的父亲。

当初老吴王寿梦传位之时，本想传给季札，但季札不肯接受，所以就传给了自己的父亲。眼下父亲和馀昧都已死，而叔父季札拒不接受，自己的父亲作为最先继位的，王位按照辈分也该传给自己。

可最终王位却偏偏落到了吴王僚的头上，这结果令公子光十分愤怒。

因此，自从新王登基，他一直在暗地里搞小动作，四处招贤纳士，准备蓄势待发，随时推翻吴王僚，自己登基称王。

也就在这个时候，带着复仇之恨逃难到吴国的伍子胥便想在这里找到发展机会，进入吴国的庙堂。

但如今的他破衣烂衫，穷困潦倒，如果就这么贸然去拜见吴

王，必定会被对方误认为自己是个疯子。

刚巧，公子光招贤纳士的消息被他得知，于是他就想先取得公子光的认可，再通过公子光进宫面见吴王僚。

但要想见到公子光也不是一件容易的事。

于是，他就想了一个法子，每天在公子光马车的必经之路守株待兔，等着公子光出现。

这种法子看起来虽有些笨，但以当时伍子胥的情况来说也只能这么做了。

说来也巧，这一日，外出游猎回来的公子光与数十名护卫骑着骏马奔驰而来，眼看就要从伍子胥身旁呼啸而过了。

可就在这时，伍子胥却瞅准了机会，快速起身，想也不想，冲到道路中心，竟想以自己的身躯拦住公子光的去路。

公子光一见路边忽然冲出一人挡住自己的去路，立刻本能地勒住缰绳，顿时健马长嘶，人立而起。

"大胆狂徒，竟敢阻拦我家公子的去路！"

公子光身旁一护卫见状，立刻举起手中马鞭，作势便要抽打在伍子胥身上。

就在这时，伍子胥忽然道："在下楚人伍员，久闻公子光大名，特地前来拜见！"

短短一句话已足以表明自己的来意。

公子光一听到"楚人伍员"这四个字，立刻阻止了身旁举鞭的护卫。

伍子胥的遭遇早已传遍九州，公子光自然也是知道的。

但令他万万没有想到的是，大名鼎鼎的伍子胥竟会以这种方式出现在自己面前。

"阁下真的是楚国伍子胥？"

看着面前这人破衣烂衫，满头银丝，一副叫花子的模样，公子光实在无法将他与楚国的贵公子伍子胥联系在一起。

伍子胥道："如假包换。"

公子光道："你怎么会变成这副模样？"

伍子胥便将自己如何从楚国逃出来的一系列过程向公子光简明扼要地叙述了一遍。

公子光听罢十分同情伍子胥的遭遇，于是便以上宾之礼将他请到自己的府邸。

他心里自然清楚，伍子胥是个少有的人才，如果能将他招入自己麾下做谋士，那将来夺取王位必定不成问题。

而伍子胥又怎会不明白公子光的用意？

两个聪明智慧的人在一起根本不需要长篇大论，三言两语间便可知晓对方的用意何在。

于是，伍子胥与公子光很快便达成了共识：伍子胥帮助公子光出谋划策，夺取王位；而公子光在登基称王之后，便会帮助伍子胥攻打楚国替他报仇。

为了能合作默契并完美达成双方的目的，公子光将伍子胥引荐给了自己的表哥吴王僚，表面上是为朝廷招收人才，实际却是想将伍子胥作为内线安插在朝廷中，待时机成熟两人好里应外合，推翻吴王僚。

第二章

唯大英雄能本色，是真名士自风流

一、刺客专诸

吴王僚自然不知道公子光与伍子胥两人的阴谋与阳谋。

他只知道伍子胥是楚国太傅伍奢之子，其才华无人不知无人不晓。而公子光则既是自己的堂兄弟，又是吴国的大将军，因此公子光向自己推荐伍子胥那肯定是已经严格审核的，绝对没有问题。于是当下他便非常爽快地任命伍子胥为吴国新一任的大夫，并在朝堂之上，当着文武百官的面，亲口许诺伍子胥，日后必定会出兵伐楚，替他报仇雪恨。

伍子胥万万没有想到，自己来到吴国之后，运气竟然会一下变得如此之好，不仅遇到了公子光，现在又得到了吴王僚的亲口许诺，这让他一腔复仇的悲愤之情，终于等到了可以喷发的时候。

幸福有时和痛苦一样，都是突然降临，令人措手不及。

得到了吴王僚的亲口许诺，伍子胥顿时有点喜出望外，甚至不敢相信这一切是真的。

他激动不已，摩拳擦掌，恨不得立刻做先锋，带领吴国将士踏破楚国的大门，手刃楚平王，扒其皮，抽其筋，以告慰父亲、长兄及全部家人的在天之灵。

但他同时也有些犯难。

因为在此之前，他刚与公子光达成了协议，准备等待时机推翻吴王僚的统治，现在却又意外地得到了吴王僚抛来的橄榄枝，于是瞬间进退两难。

究竟是该信守承诺与公子光继续合作？还是抛开一切，全心全意地投向吴王僚的麾下呢？

正在他左右摇摆为难之际，老天却帮他做出了选择，使他最终坚定了与公子光合作的信心。

因为令他没有想到的是，吴王僚这个人居然是个不守信用的人，自己说过的话，他根本没有往心里去，转头就忘得一干二净，仿佛什么事也没发生。

这让伍子胥可是一番苦等，最后他干脆一跺脚，也不顾什么礼数，直接进宫去见吴王僚，当面询问究竟是什么原因不发兵攻楚，搞得吴王僚也挺尴尬。

吴王僚道:"子胥呀,实话跟你说,不是孤王不愿意发兵攻楚,只是前两年我们两国才交过手,现在整个吴国伤了元气,需要时间,你不要着急,只要将士们一缓过劲儿来,孤王向你保证,第一件事就是向楚国发兵。"

原来三年前,也就是吴王僚二年(公元前 525 年),吴王僚曾派自己的堂兄弟公子光带兵与楚国较量过一次。

那一战,公子光已使出了全力,甚至连性命都差点儿丢了,却最终还是败给了楚国,吴国士兵更是死伤无数,尸横遍野。

公子光作为全军的主帅对于战争的失败自然是难辞其咎,要负全部责任。

他怕回到吴国后吴王僚会降罪于自己,因此与谋士设计冒险半夜派兵突击偷袭楚国军营,使出浑身解数,才夺回了几艘军船,返回了吴国复命。

吴王僚念及兄弟之情没有怪罪公子光,但自那以后吴国兵力受创很严重。

对于吴、楚两国的那一战,伍子胥也是知道的,可吴王僚的出尔反尔,使他有些意外。

他不明白吴王僚为何会如此。

难道真的是时机还未成熟？

于是，又过了很长一段时间，到了楚平王十年（公元前519年）。

楚国太子建的生母这些年来久居在吴、楚两国边境城市居巢（今安徽省六安市东北一带，还有说在安徽省巢湖市东北），经常暗中与吴国联系，尤其是在太子建死后，她对楚平王恨之入骨，因而向吴国透露了不少楚国的军事机密。

楚平王知道此消息后便立刻派出杀手准备杀死太子建生母。

不料这消息却走漏了，被吴国得知。

吴王僚策划了营救计划，派出自己的兄弟公子光带领军队讨伐楚国。

楚国的实力虽大不如前，身边却还是有一群小弟鞍前马后。

面对吴国军队的进攻，楚国并没有派出自己的军队，而是让陈国和蔡国去与其对战。

可陈、蔡这两个小国安稳日子过得实在太久了，兵马也不够强壮，哪里是公子光的对手。

因此几番较量过后，公子光不仅将陈、蔡两个小国打得落荒而逃，还成功带走了太子建的母亲。

至此一战，楚国感觉到了吴国的可怕，于是赶紧加固了两国边境处城池郢城的防御。

但屋漏偏逢连夜雨。

没过多久，吴、楚两国边境的居民因为养蚕争夺桑树而发生了斗殴流血事件。

楚平王得知此消息后，便派军队前去镇压，而吴国这边又派出了吴王僚最信任的公子光来应战，结果不仅反杀楚国，还攻克了楚国边境的居巢、钟离两座城池。

前线连连传回捷报，使得吴王僚喜出望外。

而伍子胥则趁此机会又向吴王僚列举了一系列乘胜追击、派大军攻打楚国的好处。

"现在的楚国已经不是过去那个雄霸一方的军事强国了，大王如果乘胜追击，必定能将其彻底打垮。"

可这一回吴王僚依旧没有采纳他的意见。

"吴国将士连年征战，不仅损失惨重，而且早已精疲力竭，还是让他们休养生息，缓缓再说吧！"

一句话又将伍子胥整个人打进了谷底。

如果说上一回是因为时机不成熟，吴王僚有顾虑不愿意出兵也就算了，可眼下是大好的机会，吴王僚为什么还是不愿意出兵呢？

"难道是对我这个从楚国逃亡来的人不信任，有戒心？"

伍子胥感到很失望。

"为了复仇，我不远跋涉千里，吃尽苦头来到吴国，情愿为吴国出言献策卖命，只为了能借助吴国的兵马返回楚国报仇雪恨，没想到吴王却如此不讲信用。"

也就从这一刻起，坚定了他与公子光的合作。

"不讲信用的人就不配做一国之君，都该被赶下台。"

只要能复仇，他现在什么事都能做得出来，也都愿意去做。

于是从这天起，伍子胥便与公子光两人秘密制定起刺杀吴王僚的大计。

但伍子胥不知道的是，吴王僚之所以会出尔反尔，全都是因为受了公子光的挑唆。

公子光表面上把伍子胥推荐给吴王僚，心里却又怕伍子胥会全面倒向吴王僚，从而将与自己的协议抛之脑后，因此背地里对吴王僚说道："伍子胥是因为自己的父亲、兄弟都被楚平王给杀了才如此痛恨楚国，并不是真心为我们吴国出谋划策，大王贵为一国之君，千万不可轻信他的话，免得赔了夫人又折兵，毁了我吴国的江山啊！"

吴王僚一听，觉得公子光说得很有道理。

毕竟公子光是自己的堂兄弟，是货真价实的自家人，吴国的江山社稷、荣辱成败也跟公子光有很大的关系，别人说的话自己可以不当回事儿，但公子光说的话自己却不能不听。

基于这种考虑，吴王僚自然将先前许给伍子胥的承诺抛在了一边。

可怜的伍子胥完全不知道公子光如此阴险狡诈，从中作梗，他完全被蒙在鼓里。从此伍子胥一心一意与公子光合作。

两人废除了多个方案，最终决定唯有行刺的成功率是最大的。

但在什么场合下行刺效率最高又成了一个问题，对此二人还需进一步的研究。

毕竟刺杀君王不是儿戏，他们必须保证一击得手，否则必定后患无穷。

但目前为了牢牢利用并抓住伍子胥这个合作伙伴，公子光得先给其画一张足够大的饼才行。

公子光对伍子胥信誓旦旦地说道："你放心，君子一言，驷马难追。只要杀死吴王僚，等我一登上王位，绝对第一件事就是帮你攻打楚国复仇。"

伍子胥看着眼前的公子光，眼神中透露出一丝怀疑，因为刺杀君王本身就是冒着风险的，无论成功与否都要冒生命危险。若他公子光登上王位后翻脸不认人，将自己推出去当替罪羊，自己不但报不了仇，只怕连性命都会不保；但若不答应公子光的要求，以目前的形势来看，自己的仇不知何时才能得报。

公子光似乎看出了伍子胥的为难，道："我可以对天起誓，我若违背誓言就犹如此剑。"

说罢，公子光将随身佩带的宝剑从腰衽抽出，使劲儿一掰，将长剑从中间掰断成两截。

在那个年代，人们笃信誓言，认为一旦发了誓，必定不会轻易反悔，否则必定会遭天谴。

伍子胥自然也不例外。

况且，此刻的他压根没有别的选择，仇恨已将他的生活填满，成为他活下去的唯一信仰，与其苟活于世，不如选择放手一搏。

也就是在这个时候，一个叫专诸的市井匹夫经由伍子胥的介绍走进了公子光的视线，成了这场刺杀中一个至关重要的角色。

专诸，吴国堂邑人，是当地市井中的一个地痞，却一身侠义心肠，爱打抱不平。

书中代言，伍子胥逃难到吴国的第一天就与这专诸结识了。

那一日，刚到吴国的伍子胥与年幼的公子胜，饥肠辘辘地在街上游荡，正在为祭五脏庙的事发愁。

正在这时，大街上有两人因发生了口角而升级为斗殴，其中一人身形高大而强壮，正是专诸。

伍子胥目睹当时的专诸怒有万人之气，势不可当，三拳两脚便将对方打趴在地，那人没有半点儿还击的能力。

然而，胜利的喜悦并没有使专诸高兴多久，很快戏剧性的一幕便发生了。

就在专诸因胜利而得意洋洋的时候，忽听背后有一妇人冲他大喝道："专诸，你老大的人了，一天不干正事，老娘我一个人在家里忙里忙外，你一点儿也不操心，还有工夫跟人在这打架，赶紧给我滚回来干活！"

专诸一听见这妇人的声音，立刻从威风凛凛的雄狮变成了乖巧听话的小猫，回身对着那妇人低眉顺眼地笑道："好咧，我这就来。"说罢，便再也不管趴在地上痛苦呻吟的那个人，拨开四周围观的众人，跟随妇人向着远处而去。

伍子胥见他如此惧内，判定其必定是个有情有义之人，于是便起了结交之心。

英雄惜英雄。

没想到两人一见面就聊得非常投机，当即就结拜为异姓兄弟，从此形影不离。

回过头来，咱们再说说眼下。

说来也怪，自伍子胥与公子光密切合作之后，便常常一个人独坐，有时一坐就是一天，伍子胥抚摸着自己的佩剑，会突然放声大笑，继而陷入沉默，任凭愁容爬满眉宇。

作为好兄弟的专诸看在眼里，心里一直觉得纳闷。

这一日他鼓起勇气推开了伍子胥的房门，此时的伍子胥正抚摸着自己随身的佩剑，喃喃自语："父亲、兄长……你们的仇很快就要得报了……"话音刚落，他又摸着自己花白的络腮胡叹起气来。

"兄长，是不是报仇的事有眉目了？你说的那个贵人愿意助你复仇了？"突然出现的声音，让伍子胥吓了一跳。

专诸从结识伍子胥的第一日便知，他身上背负着血海深仇，伍子胥告诉他有个贵人，如果他愿意出手，那么自己的大仇便可得报。伍子胥曾斗志昂扬地跟自己描绘着手刃敌人的场景，专诸虽是一介匹夫，但血却是热的，伍子胥的大仇也是他心底最挂念的事。

"是……但是……"伍子胥看着专诸热切的目光却说不下去。

专诸是个急性子，看着伍子胥欲言又止的样子，急得他满头大汗："大哥，你就别但是了，咱俩是兄弟，理当有难同当，你但凡有用得上弟弟的地方尽管开口，弟弟当万死不辞！"

看着专诸真诚的样子，伍子胥的眼睛一下亮了，但瞬间又熄灭了。

他知道现在公子光是他复仇唯一的希望，而要想公子光帮自己复仇，就必定要助他登上王位，刺杀大计已定，但刺杀人选一直是令伍子胥头疼的事。

这个刺杀吴王僚的人必定要有胆识，且武艺高超，更重要的是要有必死的决心，抛去这最后一条，眼前的专诸是最佳人选。但正如专诸所说，他跟专诸已是结拜兄弟，将自己的兄弟推出去赴死，跟背信弃义的小人有何分别？

伍子胥苦笑着摇摇头，喃喃自语道："罢了罢了……这仇怕是报不了了！"

这时，专诸突然跪下，对伍子胥说道："大哥，知己难逢！承蒙你看得起我一介市井武夫，愿意与我结为兄弟……自我二人结拜开始，我就将大哥你的仇恨当成自己的仇恨，现如今大哥眼看有了报仇的计划，而做兄弟的却置之不理，岂不是让我终日难眠！如果大哥为难，只需将我推荐给你所说的那位贵人，后续的事由我跟贵人协商，大哥你只管报你的仇！"

专诸目光如炬，言辞之中透露出的不容置疑让伍子胥动摇了。

"大哥若不答应，小弟我就长跪不起！"专诸终是让伍子胥下定了决心。

第二日，伍子胥便领着专诸去见了"贵人"，也就从这一刻起，专诸的身份即将从一个名不见经传的市井之流，成为一名名载千秋的刺客。

而在见到公子光前，专诸并不清楚自己的命运如何。

当虎背熊腰的专诸被伍子胥领到公子光面前时，公子光的眼神中透露出一丝不可置信，但因为是伍子胥推荐的，公子光只能勉为其难地召见他。

伍子胥曾经在公子光面前将专诸从头到脚夸赞了一遍，称此人武艺高强，有胆识，是不可多得的人才。如今一见，却只是市井匹夫打扮，看上去并没有什么过人之处，公子光忍不住打了个哈欠。

"专诸此来拜见贵人，贵人只管吩咐做事，我愿为我兄长排忧解难！”专诸向公子光抱拳说道，只听声若洪钟。

“哦？”公子光一下来了兴趣，“你兄长可曾告诉你我交代于他何事？”

专诸头也不抬地说：“不论何事，万死不辞！”

其实专诸这几日从伍子胥为难的表现中也能猜出一二，这贵人让办的肯定不是一件简单的事，他早已做好了付出性命的准备，在他心中士为知己者死是一件非常有血性的事，他唯一放不下心的也只有家中年迈的老母亲和妻子，唯一的心愿是给自己的老母亲养老送终，照顾好妻儿。

公子光对专诸说道：“我用人可是要看真本事的。”

虽然公子光早就听说专诸的拳脚功夫不错，却从没亲眼见过，而且刺杀君王不是儿戏，因此不得不谨慎一些。

专诸知道，公子光这句话是要亲眼看到自己的本事才肯放心。

于是他说道：“这个简单，公子请看。”

说罢，专诸便站起身，走出屋子来到院中。

院落的中央摆放着一尊高四尺的大鼎，有三四百斤重。

专诸走到这尊大鼎前，一手抓着鼎口，一手抓着鼎底四条腿的其中一条，沉腰坐马，一较劲儿，瞬间便将这尊鼎举过了头顶。

这样重的一尊大鼎，三四个精壮男子搬起来都很费劲，可却被专诸一人瞬间举过了头顶，由此可见专诸力大无穷，非一般人可比。

公子光见状也是一惊，不由自主地抚掌笑道："好，果然是神力啊！"

但很快，他话锋又一转，接着道："不过光凭力气大可没用，关键是要武艺超群才行。"

专诸道："那有何难？公子若还不放心，大可叫人来试试我的拳脚。"

公子光道："你可要想清楚，这可不能随意开玩笑，输了不仅丢人，甚至连命都有可能交待在这。"

专诸道："尽管来试，若败了，我的性命今日留在这里便罢，也不用出去丢人了。"

公子光笑道："好，果然够英雄！"

说罢，他一招手，立刻便有十名劲装打扮、手持刀剑的护卫出现在公子光身后，等待他发号施令。

这十名护卫一看就知道个个都是身怀绝技、数一数二的高手。

公子光道："他们十个人都是我的贴身护卫，自小接受残酷的训练，是经过一轮又一轮的生死淘汰才选出来的，你如果能胜过他们，我便将你收下！"

专诸瞧了瞧这十名护卫，将自己的粗布外褂一脱，露出了宽阔而结实的胸膛道："放马过来吧！"

话音一落，十名护卫立刻挥舞着手中刀剑向专诸冲了过来。

十个人，十柄刀剑，犹如一张蛛网瞬间便将专诸笼罩在其中，封住了他的所有退路。

可奇怪的是，面对这来势汹汹的十个高手，专诸不仅没有动，甚至连眼睛都没有眨一下，仿佛根本没有看见眼前这十个人。

说时迟，那时快！

眼看十柄晃眼的快刀利剑就要将他的头颅斩下，可是他却依

旧纹丝不动。

公子光看到这一幕嘴角已露出一丝邪魅的笑容。

的确，天下几乎没有人能在这种情况下活命，专诸自然也不例外。

所以这场比试的结局他心里已有数，专诸必定是输。

但也就在这千钧一发之际，令人想象不到的一幕却发生了。

专诸终于动了。

只见专诸伸出一双蒲扇般的大手捏住了最先冲上来的两个人握着刀的手腕，一较劲儿，便从二人手中将刀夺了下来变为己有，之后又一人一脚，将这两人踹倒在地。紧接着，他双手持刀，如下山猛虎般快速冲向剩下的八个人。

他的招式并不炫目花哨，所用的全都是最简单、最直接，也是最有效的方法来攻击敌人，大开大合，招招制敌，不留任何情面，电光石火间便干净利索地将对面的十个人全部击倒在地。

公子光看得双眼已发直，甚至连呼吸都开始变得急促起来。

他完全没有想到专诸一个市井匹夫，功夫厉害到如此可怕的地步，居然能如此轻松地将自己这十名武艺超群的护卫全部击倒。

专诸道："公子，您看我这功夫如何？"

公子光忍不住抬起右手，伸出大拇指，道："壮士功夫果真了得！"

此时此刻，公子光已被专诸的功夫所折服。

在那之后，专诸便投入了公子光的麾下，等待时机为伍子胥争取报仇的机会。

专诸是个重情之人，公子光惜才，将专诸引为知己。

为了报答公子光和伍子胥的知己之情，专诸敢于担当刺客。

专诸虽一介莽夫，却将士为知己者死演绎得淋漓尽致，最终用死报答了两位知己的知遇之恩，并在历史上留下了浓墨重彩的一笔，将历史的轮轴向前推动。

二、要命的宴席

斗转星移，万物乾坤。

时间一晃，便来到了吴王僚十二年（公元前515年）。

这一年，楚国国内发生了一件大事。

当年霸占儿媳、逼走太子的楚平王驾鹤西去了。

在临走之前，楚平王将自己的王位传给了他与儿媳秦国公主孟嬴所生的王子熊轸，也就是后来的楚昭王。

新老国君交替之际，一时间政治立场不明确，因此使得楚国内部上上下下都出现了一些动荡的局面。

与此同时，远在姑苏城内的吴王僚听闻了消息，顿时嗅到了机会，便大袖一挥，召集各路兵马，兴兵伐楚。

就连吴王僚身边的禁卫军也被抽调了三分之一到前线去协同作战。

如此一来，反倒造成了吴国国内守备空虚的局面。

这时，伺机而动的公子光立刻把握住机会，加大策动政变的步伐。

但与他合作的伍子胥得知这个消息后却犹如掉进了冰窟中，久久不能平复。自他推荐专诸后便带着公子胜过上了"半退隐"的生活，他不再主动询问朝事。他以为清心寡欲的生活能够冲刷掉他的仇恨，但谁知当楚平王逝世的消息传来，仇恨一下击穿了他的大脑。

他忍辱负重、卧薪尝胆这么久就是为了有朝一日能够手刃楚平王，没想到仇还未报，仇人却已先死。

这对他来说简直是五雷轰顶。

他仰天长啸，痛苦万分。

"我千辛万苦地逃出来，尝尽苦楚，为的就是能够有朝一日返回楚国，亲手割下楚平王的头颅报仇雪恨，可不承想，老天却连这个机会都不留给我，让我这一腔悲愤，无处宣泄，这实在是太不公平了……"

伍子胥因楚平王驾崩未能给父兄报仇而感到悲恸欲绝。

可他不知道的是，自从诛杀了太傅伍奢一家之后，楚国国内便像是一座随时都有可能倒塌的高楼，从上至下，人人离心离德，阶级矛盾愈演愈烈，直接导致国力大幅度倒退，再也无法与其他强国竞争了。

更可悲的是，在这期间，楚平王本人更像是中了邪一般，依旧我行我素，对国家内部的问题和矛盾视而不见，整天轻信费无忌的谗言，受其蒙骗，胡作非为，最终使得原先依靠楚国生存的

一些小国家不得不背弃盟约，纷纷投向了与楚国敌对的国家，如晋国等。

而最后当楚平王有些反应过来时，为时已晚，楚国的衰退已无力挽救。

面对败局已定的楚国，楚平王虽懊悔不已，却也无能为力，最终也只能郁郁而终，结束了他荒诞的一生。

倘若是别人，若听见自己仇敌已死，一定会逐渐释怀，但伍子胥不同。

自从听说楚平王驾崩的消息后，他不但没有释怀，反而变本加厉，甚至有些走火入魔。

不管楚平王是死是活，他一定要将其锉骨扬灰方解心头之恨。

公子光见状，担心伍子胥走火入魔而耽误了与自己的合作，自伍子胥退出庙堂之后，便在城郊寻了一个新住处。公子光三天两头过来，企图说服伍子胥重新为官，遇到什么事也总是第一时间来征求伍子胥的意见。

公子光看着眼前的伍子胥虽然一副农夫装扮，粗布粗衣，但眼神中却闪烁出仇恨的火苗，他知道伍子胥没有一天放下过这仇恨。

公子光对伍子胥说道："目前吴国正聚集全国之力在前线与楚国作战，而国内却守备空虚，这正是我们出手发动的大好机会，如果错过了这次，以后要想再夺取王位就难了。"

伍子胥听完公子光的话，根本不为所动。

因为在他心里早有了一个绝妙的计划。

伍子胥道："吴王僚身边整日都有禁军护卫，别说是人，就算是只苍蝇也很难接近，因此要想刺杀吴王僚唯有在他放松警惕的时候。"

公子光道："那依你之见，什么时候是他放松警惕的时候？"

伍子胥道："吃饭的时候。"

公子光道："哦？"

伍子胥解释道："最近吴国前线的将士们连连大胜，大王应该也很高兴，公子何不趁此机会宴请大王来吃席？"

公子光道："吃席？"

伍子胥道："对，公子与大王本是堂兄弟，互相走动走动，

请客吃饭本都是很简单，也很自然的事，大王也不会因此而有什么怀疑。"

公子光眼前顿时一亮，道："不错，自家兄弟一起吃饭他总不会想到自己会被害。"

于是，在一个春末夏初之际的沉闷黄昏，公子光决定结束自己的堂兄吴王僚的生命。

同时，他邀请"半退隐"状态的伍子胥也来赴宴，伍子胥在场会让他心安很多，他知道伍子胥也在等这一刻，等他登上王位助自己复仇，这一天对他和伍子胥来说都是重要的一天，当然对其同样重要的还有为了这场行刺准备多年的专诸，这场行刺过后，他的人生将彻底发生变化。

公子光假借吴王僚班师回朝的名义，在家中设宴席邀请吴王僚来家中赴宴，实则在家中设下了天罗地网的埋伏。

参加此次行动的有一百八十名身穿铠甲的武士。

他们每个人都是从小就开始接受严格而残酷的训练，并且只听命于公子光。

尽管如此，公子光却没有将刺王杀驾的重任寄托在他们身上。

因为他心里很清楚，虽然吴王僚身边的禁卫军已被调走了三分之一，但剩下的三分之二依旧很难对付。

毕竟那些禁卫军是君王身边的贴身保镖，个个都是身经百战、万里挑一的高手。

一旦动起手来，他眼前的这一百八十名武士不但不能伤得了吴王僚分毫，反而会成为白白送死的对象。

所以，他没有将所有的筹码全都押在这些人身上。

对他来说，这一百八十人只是配角，真正的主角只有一个人——专诸。

专诸才是他最大的筹码。

也只有专诸才能杀得了吴王僚。

为了能让专诸有机会接近吴王僚，公子光暗中计划了很久。

他让专诸假扮成宴席的主厨，在为吴王僚传最后一道大菜时，由专诸亲自端上，然后在众人都意想不到，注意力也都分散的时候，将吴王僚当众刺杀。

为了这一刻，公子光已等待了多年，因此他绝对不允许任何人、任何事来破坏。

而专诸为了扮演好这个厨子不被人看出破绽，提前三年便在西湖岸边跟一位隐姓埋名的大厨苦学了三年手艺。

夜幕降临，华灯初上。

吴王僚的车马队伍浩浩荡荡地自宫中出发，向着公子光的府邸而来。

作为一国之君出行的队伍自然是斧钺相随，甲士开道，威风八面。所以王家的车队一出现在大街上便引来了百姓们的注目。

这种众星捧月的场面，使得吴王僚很高兴。

他喜欢这种君临天下的感觉，尤其是在今天。

这不仅仅是因为自家兄弟宴请自己，更是因为前线连续传来捷报，吴国将士们越战越勇，而楚国则是节节败退。

他甚至已开始幻想，有朝一日自己领着吴国军马开疆辟土，成为除了周天子之外天下最大的诸侯王，其他小国年年向自己进贡，岁岁来向自己称臣。

"今晚孤王一定要和公子光好好喝一回，不来个人仰马翻，谁也不许离席，哈哈哈……"

吴王僚完全沉浸在喜悦之中，却不知自己这一去就再也回不来了。

从吴国的王宫到公子光的府邸门前，这一路都有吴王僚的卫队在保驾护航，他们各个身强体壮，手持长戈，威风凛凛。

公子光自然清楚，要想在这些人眼皮底下搞小动作，那简直就是痴人说梦，因此狡猾的公子光便施展了他高超的演技，吴王僚的车队还没来之前，他就已经像迎门童子般亲自站在大门处等候了。

等到吴王僚的车队一出现在眼前的时候，他就立刻屁颠屁颠、乐呵呵地一路小跑过去。

"哎呀，贵足踏贱地，贵足踏贱地……大王，兄弟我可在这里等候您多时了，总算是把您盼来了！"

吴王僚一听公子光这么说，倒有点儿不好意思了，赶紧叫停了马车，命身旁跟随伺候的小太监挑起了车帘，冲着公子光笑道："兄弟，不好意思，让你久等了。"

他一边说着，一边起身准备下车。

公子光见状立刻上前亲自搀扶其下车。

"不打紧，不打紧，能将大王请来，已经是兄弟我的福气了，多等一刻又何妨？来，您小心脚下……"

吴王僚道："这是孤王命御膳房给兄弟你做的最爱吃的糕点，拿去和家人们吃吧！"

说罢，便示意身边的太监将预备好的糕点盒拿了出来，送到了公子光的手中。

公子光一见糕点盒，立刻诚惶诚恐地用双手接过，脸上都乐出花了："大王真是……来就来，还给我带了礼物，真是让我——"

吴王僚打断了他的话，笑着道："哎，咱们是自家兄弟，何必搞得这么见外，孤王给你带了糕点你便收着，何必说这些客套话。"

公子光道："是是是，大王说得对，是兄弟我的不对。酒菜已备好，大王快请入席。"

话音刚落，吴王僚便一把拉住了他的手道："今夜，孤王要与你好好痛饮一场，不醉不归。"

公子光道："求之不得，求之不得！"

说话间，二人与随行的太监、宫娥们都已进入会客的大厅内。

前来陪酒的官员们除了朝廷的重臣外，自然全都是公子光的人，一见到吴王僚纷纷谄媚地笑着上前行礼。

可吴王僚却根本连看都不看他们一眼，就好像这些人全都是空气一般。

他的眼睛自从进入大厅之后，就一直盯着一个人——这个人就是伍子胥。

自伍子胥称要退出庙堂后，吴王僚好几年都没有见过他，想不到今日设宴他也过来了。

吴王僚走到伍子胥面前，微微一笑道："伍大夫，你也来了？"

伍子胥立刻向吴王僚躬身行礼说道："大王，我近日听闻吴军将士在前线大破楚军，捷报连连，得知此消息我高兴得整晚未睡，今日一听公子光摆下宴席要为大王庆贺，便第一时间赶了来。"

吴王僚听了这话后并没有表现出有多么激动，只是讳莫如深地说道:"那你今晚可要多喝两杯了。"

伍子胥虽感觉到吴王僚话中有话,但一时间还是猜不透其中的意思,于是只能回复道:"那是自然,那是自然。"

他随后又接着道:"我只希望有朝一日能作为一名领路人,替大王带领着吴国的大军进入楚国。"

吴王僚不置可否,伸手拍了拍他的肩道:"会有机会的。"

随后他再也没有说什么,只是与身旁的公子光一起高高兴兴地入了席。

自古王公贵族间相互请客吃饭的场面自然是相当的壮观,尤其是请君王到家里吃饭,那规格更是令人难以想象。什么"山中走兽云中燕,陆地牛羊海底鲜",天上飞的,地上跑的,水里游的,应有尽有。

在宴席上,除了美食美酒外,美人也是必不可少的。

伍子胥与公子光二人为了这一顿饭花了不少心思。

为了能瞒天过海,蒙骗吴王僚,伍子胥专门按照吴王僚的审美标准提前一年就暗地里培养了一批美艳动人的歌姬。

酒席宴前,当众人把酒言欢、豪气干云的时候,这群歌姬便随着教坊的奏乐来到席前莺歌燕舞起来，为众人助兴。

吴王僚将一双本就不大的眼睛眯成一条缝，色眯眯地盯着其中一位领舞的高挑女子看了很久，嘴角也一直挂着满意的笑容。

公子光坐在吴王僚的身旁一直在观察着自己堂兄的表情，此刻他见状立刻了然于胸，当下抬手向教坊挥了挥，示意其停止奏乐。

教坊的乐师们一见公子光挥手便立刻停止了奏乐，于是宴厅中顿时变得鸦雀无声。

所有人都看向了公子光。

只听公子光说："小红，你的舞技很好，大王非常喜欢，快过来给大王敬一杯酒。"

这句话自然是对那领舞的女子说的。

领舞的女子乖巧地踏着小碎步来到吴王僚与公子光面前，先向二人行了一个礼，随后便伸出一只藏在袖中的春葱般的纤纤玉手用兰花指捻起茶几上的酒壶先给吴王僚斟满一杯酒，又给自己倒了一杯。

而就在这时，吴王僚忽然握住了她的玉手笑道："你叫小红是吧？"

这女子微微点了点头道："是。"

她双颊绯红，神情之中略带着几分娇羞之色，声音更是温婉而柔和。

只怕世上没有几个男人能拒绝这样的女人。

吴王僚继续笑道："来，坐到孤王这里，让孤王好好地欣赏欣赏你。"

说罢，便将面前的小红一把抱入了怀里。

小红的脸上刹那间显现出一丝惊恐。

但她毕竟是受过训练的，因此在坐到吴王僚腿上的一瞬间，她脸上的表情便立刻从惊恐转变成了顺从，就像一只乖巧的小猫一样将头靠在了吴王僚的胸膛上。

吴王僚见面前的美人一脸的娇羞，内心更是欢喜，忍不住在那张精致的脸蛋上吻了一口。

与此同时，坐在一旁的公子光迅速地与伍子胥用眼神交流了一下。

那意思是在说：时机已成熟，该进行下一步的行动了。

于是，正当众人欢声一片的时候，公子光却故意一蹙眉道："哎呀，今天这厨子也不知道是怎么回事，上菜速度实在太慢了，到现在压轴的大菜还没端上来。"

他这句话一出口，立刻引来了周围人好奇的目光。

吴王僚好奇地问道："今天的酒菜已经很丰盛了，还有什么大菜没有上？"

公子光道："没有这道大菜，今天的酒菜就不能算丰盛。"

吴王僚道："哦？那究竟是什么菜如此重要？"

公子光道："鱼呀，自然是大王您最爱吃的鱼了。"

吴王僚听了公子光的答案后，不以为意地道："这天下五花八门的鱼的做法孤王都已品尝过，早已没有什么新鲜度了。"

公子光摆手笑道："不一样，不一样，今日为了让大王您能吃到这条鱼，我特地将西湖岸边最有名的厨子请了来。"

吴王僚道："西湖周围的名厨做的鱼，孤王早已品尝过了，虽然味道不错，但细想起来也没有特别之处。"

公子光道："兄弟我敢拍着胸脯保证，今日我请来的这位名厨做的鱼，大王您绝对没有吃过。"

吴王僚一听，顿时来了兴趣，道："哦？果真如此？"

公子光道："千真万确。"

吴王僚道："哦！那孤王可要尝一尝了，快叫厨子端上来！"

公子光向身旁伺候的小太监一挑眉毛道："听到没有，还不赶紧去叫大厨上菜。"

今日公子光要刺王杀驾的消息府内上上下下早已传开。

因此，这会儿能在跟前伺候的太监、宫娥们都是公子光平时最信任的一批人，那些胆小怕事的早已经被送回了"老家"。

所以当这小太监一看公子光的眼神，立刻明白了公子光的意思，连忙转身向宴厅外走去。

但毕竟是第一次经历这种大事，小太监的心里还是十分紧张的，因此在跨出门槛的一瞬间，被绊了一下，摔倒在地。

公子光随口骂道："没有用的东西，一天竟给我丢人现眼！"

小太监也不敢多言，从地上爬起来，灰溜溜地快步而去。

就在小太监走后不久，公子光突然揉着自己的膝盖痛苦地呻吟起来："哎哟，哎哟……"

吴王僚不明所以地问道："你怎么了？"

公子光道："不瞒大王，我这双腿这几年患了风湿病，一遇到刮风下雨天就疼得不行。"

他接着道："今日凌晨暴雨连连时我这双腿就已经开始疼了，但想到今日大王您要来所以才一直忍着。"

说罢，便满脸痛苦地站起身子，十分抱歉地对着吴王僚道："大王您先坐着，我去后堂吃服止疼药，一会儿再来。"

吴王僚道："那你快去快回，孤王等着你回来一起吃鱼。"

公子光忍着痛苦，勉强挤出一副笑脸道："好，兄弟我速去速回。"

随后公子光便在两名下人的搀扶下呻吟着离开了宴厅。

在经过伍子胥身旁时他又与伍子胥快速眼神交流了一下。

伍子胥冲公子光点了点头，表明已经领悟了公子光的意思，于是当下起身举着酒樽来到吴王僚面前敬酒。

演戏自然是要演全场，公子光离去的真实目的伍子胥很清楚，所以他在这个时候敬吴王僚酒自然是为了分散吴王僚的注意力，也是为了宴席不至于冷场。

伍子胥道："吴国将士大破楚军，扬吴国之威，实在令人振

奋!"

说罢,便将酒樽里的酒一饮而尽。

吴王僚瞧着伍子胥道:"孤王一直都很想知道一件事,不知你伍大夫可否解答。"

伍子胥道:"大王请讲。"

吴王僚道:"你伍员作为楚国人,如今看到吴国将士大破楚军,竟然会显得如此高兴,难道真的就没有一丝难过吗?"

伍子胥道:"关于这个问题,臣早已不止一次表明过立场。"

吴王僚在听。

所以伍子胥接着道:"楚平王与费无忌陷害家父,杀我全家,我与其不共戴天,恨不得剥其皮、啃其骨!"

吴王僚道:"可是如今楚平王已经驾鹤西去了,而且现在吴国的将士们对付的也不是楚平王,而是楚国的军队。"

伍子胥道:"人虽已逝,但尸骨还在。"

吴王僚道:"你打算怎么做?"

伍子胥恨恨地说道:"臣只希望有朝一日,能返回楚国,亲自挖坟掘墓,将楚平王的尸身拖到烈日下暴晒抽打,只有这样方解臣心头之恨。"

他在说这句话的时候，不但声音中充满了仇恨之意，就连双眼也几乎快冒出火了，显见对楚平王已是恨之入骨。

仇恨能改变一个人，使其变成疯子，甚至是魔鬼。

而现在的伍子胥显然已快成魔鬼了。

吴王僚直视着他的眼睛能从他的眼神中感受到那份刻骨铭心的仇恨。

伍子胥的这句话一说完，在场其余几名公子光的心腹也见机行事，纷纷上前来向吴王僚逐一敬酒。

吴王僚笑着高声道："来来来，孤王今日非常高兴，诸位咱们共饮一杯！"

也就在这个时候，公子光今日府上请来的神秘大厨终于端着他的"拿手好菜"出现在众人的面前。

鱼本身就是一种非常不错的食材，加上大厨特殊的烹饪手法，使得今日这道压轴菜显得更加蓬荜生辉，香气四溢。

大厨端着菜走进宴会厅，这鱼的香味就已经勾起了在场每个人的味蕾。

吴王僚本就爱吃鱼，此刻闻到这香味更是馋得两眼直冒金星，嘴角的哈喇子都快滴到鞋面上了，迫不及待地招呼端鱼的大厨道："快快端上来，让孤王好好品尝一番。"

在场众人中只有伍子胥的表情不一样。

此刻，他的注意力完全不在大厨手里端着的那盘美味的鱼上，而是在大厨本人的身上。

他的结拜兄弟专诸此刻正端着盘子向吴王僚一步步走去，每一步都走在伍子胥的心尖上。

他知道这些年公子光已经将专诸培养成了一名出色的刺客，在面对行刺对象时，他能够面不改色心不跳地完成任务。

但此刻伍子胥的眼中却浮现出那个在市井里嬉笑打闹的壮汉，如果没有遇见自己，如果不是自己将复仇的火焰传递给了专诸，专诸也许如今还是一名无忧无虑的市井中人。

伍子胥眼眶有些湿润，专诸"兄长，兄长"的声音似乎还在耳畔萦绕。

刺王杀驾本就是一件极为危险的事情，能够全身而退并完成任务的概率基本为零。

他甚至有了将专诸拉走的冲动，但他克制住了自己并保持着沉默。

如果现在去阻止专诸就等于将整件事的计划公之于众，那样做的后果显然更不理智。

专诸低垂着头，恭恭敬敬地将美味可口的鱼摆在了吴王僚的面前。

从他踏进这间宴厅开始，他的心脏就在猛烈地跳动，但这些年以来公子光对他的严格训练也是很管用的。

此时的他已经能够完全沉住气，表情更是平静如水，不显露分毫。

面对如此美味的鱼，吴王僚也顾不得君王形象了，拿起筷子就准备夹一块鱼肉送进嘴里，可却在即将夹到鱼肉的时候被专诸给制止了。

只听专诸道："大王，您别着急，这鱼您还没让身边的人试吃呢。"

自古凡是君王吃的食物都要由身边的人先试吃，以防有人下毒。

所以专诸提醒的并没有错。

吴王僚笑道："想不到，你一个做饭的厨子懂得还挺多。"

说罢，他扫了一眼此时留在身旁的人，最后将目光落在了刚拉进怀中的美人小红身上："来，美人，你替孤王尝尝这鱼做得怎么样。"

小红拿着身旁宫娥递过来的筷子，迟疑地瞧了瞧专诸。

她自然也是知道今日公子光的大计划，更加知道专诸就是那个最终的刺客，却不知他会在何时，以何种方式动手。

专诸依旧面不改色，就像是什么事都没有似的。

无奈之下，小红只有大着胆子去夹一块鱼肉来吃。

可就在小红拿着筷子准备去夹盘子里的鱼肉时，出人意料的一幕却发生了。

只见小红突然丢下手中的筷子，随即一拧身似一条灵蛇一般绕到吴王僚身后反手将对方的两只手腕扭到了背后紧紧扣住，使其动弹不得。

她的出手突然又迅速，如电光石火一般，以至于在场的众人谁也没反应过来是怎么回事。

与此同时，对面的专诸也有了动作。

他的动作同样快得令人吃惊。

他从盘中的鱼腹中迅速抽出一柄样式奇特的利剑，毫不犹豫地直刺吴王僚的胸膛。

这柄剑自然来历不一般。

这柄剑乃是伍子胥秘密派人赶往越国拜访一位如神仙般存在的铸剑大师欧冶子并经过了七七四十九天锻造而成，其剑锋寒气逼人，可吹毛断发，削铁如泥，剑身上还有奇特的花纹，看起来就像是鱼肠，因此被称为"鱼肠剑"。

如此好的一柄绝世名剑，再配上专诸的身手，天下只怕很少有人能逃得过。

说时迟，那时快！

此刻，这柄鱼肠剑即将刺穿吴王僚胸膛，任何人都已无法挽回，吴王僚必死无疑。

这场精心策划许久的刺杀眼看即将以如此简单而粗暴的方式结束。

但有句俗话叫作：人算不如天算。

万事万物皆是如此。

就在这柄鱼肠剑的剑尖儿刚接触到吴王僚胸膛的一刹那，只听得"叮当"一声脆响，仿佛是金属相击一般，鱼肠剑竟遇到了阻力无法刺入。

一瞬间，专诸、小红、伍子胥三人的脸色均是一怔。

他们想不明白，为何这柄由铸剑大师欧冶子精心锻炼的宝剑会刺不穿吴王僚的胸膛。

就听吴王僚大笑道："孤王身上穿着金丝软甲，刀枪不入的，哈哈哈……"

但他的笑声并没有维持很久。

因为就在他放声大笑的时候，专诸手中的鱼肠剑又再次向他的胸膛刺出。

这次的力道显然比之前加重了不少。

只听"扑哧"一声，锐利的剑锋将刀枪不入的金丝软甲刺破，并洞穿了吴王僚的胸膛。

这回轮到吴王僚发怔了。

他怎么也想不通，这刀枪不入的金丝软甲怎么会被专诸手中那柄样式古怪的匕首给刺破。

顷刻间，鲜红的血液似泉水般从他胸前的伤口处涌出，染红了他那件剪裁得十分合身的衣衫。

而也就在这时，宴厅内不知是谁惊叫道："来人，护驾！护驾！大王遇刺了！……"

语音未落，吴王僚的铁甲护卫们立刻从厅外涌了进来，将专诸与小红以及伍子胥等人全部围困住。

专诸见状，心知事情不妙，当下暴喝一声，反身与来人展开了一番恶战，宴厅中顿时血肉横飞，惊呼不止，乱作一团。

奇怪的是，公子光和他暗藏在宅院各处的那一百八十名死士却迟迟不见现身。

混乱之中，伍子胥对着专诸大喊道："你快先想办法脱身，保住性命要紧。"

专诸道："我无所谓，贱命一条！大哥，你先走……"

说罢，便奋力为伍子胥杀开了一条血路。

专诸的拳脚功夫虽好，有以一敌百的能力，但在这种敌众我寡的时候也是双拳难敌四手。

何况，吴王僚的护卫们不仅各个身经百战，武艺高超，身上的装备更是十分精良，因此没过多久，专诸便成了困兽之斗，他渐渐败下阵来，身受重伤，直看得伍子胥心痛不已，却又束手无策。

伍子胥虽然也有一身不错的武艺，但在这种敌众我寡的形势下也只能是勉强自保，根本无法做到保护他人。

最终，专诸因体力不支，被吴王僚的护卫们乱刀砍死。

临死之际，他的双眼一直看着伍子胥，仿佛还有千言万语要对自己的这位结拜大哥说，却始终连一个字都未能说出口。

伍子胥亲眼看着专诸死在自己的面前，双眼忍不住被热泪沾湿。

好巧不巧，与此同时公子光暗藏着的那一百八十名死士终于出现了。

他们从房檐、地板暗隔、窗外等各个隐秘的地方现身与吴王僚的护卫们厮杀在一处。

而此刻吴王僚的护卫们经过了之前的一番厮杀已经是死伤过半，且精疲力竭。

因此，公子光的那一百八十名死士没费多大力气便将其一网打尽。

这样的结局显然与之前公子光的设想有很大的出入。

所以当公子光再次出现在众人面前的时候，他的眼中充满了惊喜与兴奋。

他本来是打算赔上自己那一百八十名死士的性命，成全专诸刺吴王的最终壮举，谁知现在吴王僚死了，专诸也死了，可他那一百八十名死士才死伤了十几名，这对他来说当然是一笔回本的买卖。

"恭喜公子光今日终于得偿所愿，这吴国江山终于是您的了。"

说这话的人是伍子胥。

此刻，他的人就跪在专诸倒下的地方，双眼满是泪水地抱着专诸的尸身，死死地盯着公子光，嘴角还在不停地发着抖，显见是用了很大的力气才说出这句话的。

公子光看着伍子胥的眼神却很平静，像是什么事也没发生过一样。

"成大事，必须要有所牺牲。"

公子光走到伍子胥面前，俯下身子拍着他的肩头说道："专诸虽死了，但他的死是死得其所的，我一定会——"

他的话并没有说完。

因为就在他说到一半的时候，伍子胥已经抱着专诸的尸体起身，并从他的身旁走了过去，似根本没有看见他的人一般，径直地走了出去。

人死了，尸体就如同一摊烂泥，要想抱起来是很费力的，何况专诸的体重本就不轻。

伍子胥费了很大的力气才将专诸的尸身抱起。

但他不在乎。

他现在只有一个信念，那就是带着专诸的尸身离开，离开这个是非之地。

"兄弟，你已承受太多……是哥哥对不起你……如果不是认识了我……往后的日子不会再有人打扰你了，好好休息吧！"

这无视的态度对于公子光来说，无疑是一种无理的挑衅。

若是平时，换作别人，公子光一定会暴跳如雷，之后命人将其剁成肉酱。

但此刻的公子光却没有生气，更没有拦住伍子胥。专诸之死对于他又何尝不是一件痛事呢？只是在王位面前，一切人和事都变小了。

所以，他就这么静静地看着伍子胥抱着专诸的尸身，任凭其旁若无人地离去。

现在，公子光心里只担心一件事，那就是日后与伍子胥两人的合作关系是否会因为专诸的死而中断。

伍子胥是一位难得的人才，日后必定还会有更大的用处，公子光不想就这样失去他。

唯大英雄能本色，是真名士自风流。

有的人虽死了，但他的事迹却永远被世人所记住；有的人虽活着，但在旁人看来他却和死了没什么区别。

专诸因刺吴王僚而死，但他死得其所。伍子胥相信，过不了多久，世间将会传遍他的故事，世人也会永远记住他的名字。

第三章

挥师讨伐为常理，岂再鞭尸面不留

一、来吴避难的伯嚭

吴王僚死后，公子光便顺利地登上了王座，成为新一代的吴王，史称吴王阖闾。

阖闾即位之后，便封专诸之子专毅为上卿，从此专家子子孙孙都可以永享荣华富贵。

专诸刺杀吴王僚，助他夺得了王位，所以于情于理阖闾都应该有所表示。

同时，他这样也是做给伍子胥看的，希望能用这种方式多少缓和一下他与伍子胥之间的关系。

而伍子胥则在阖闾登基后，便果断选择了彻底退出吴国的庙堂，带着楚国太子建的儿子胜隐居到了乡下。他买了块地，在那里做起了不问世事的农民，每天过着日出而作、日落而息的小日子。

日复一日，年复一年，生活虽平淡，却也安稳清闲，少了不少烦恼。

第三章 挥师讨伐为常理，岂再鞭尸面不留

伍子胥渐渐习惯了这种无忧无虑的生活。

什么国仇家恨，都仿佛已离他远去。

直到一个人的出现，才又彻底打破了这种平静的日子，迫使伍子胥重新走进了吴国纷扰的庙堂中。

就在阖闾策划谋杀吴王僚篡位登基不久，从楚国又来了一位与伍子胥有相同波折命运的年轻人——伯嚭。

说起这伯嚭，原先也是楚国的贵族，祖父乃是名臣伯州犁，父亲郤宛是楚王的左尹（官名，为楚国之卿、左丞相，仅次于令尹）。

据说伯嚭的父亲为人正直，作风清廉，深受百姓爱戴，因此受到了小心眼的少傅费无忌的嫉妒，遭其陷害所杀，并株连九族。

但伯嚭却侥幸逃离。

一开始，伯嚭也和伍子胥当年逃难一样，为了躲避追兵四处奔波，后来听说曾经与他有过同样遭遇的伍子胥现在已是吴国的大夫，便立刻抱着"老乡帮老乡"的心理赶赴吴国投奔他。

"我全家上下都受费无忌那厮陷害，被楚国令尹（丞相）所

杀，此仇不报实在无颜见九泉之下的家人。"

年轻的伯嚭跪在伍子胥的面前声泪俱下，泣不成声，看得人心里直发酸。

伯嚭衣衫褴褛想必也是吃了一路的苦才来到此地。

伍子胥看着面前的伯嚭就仿佛看到了曾经的自己。

"他需要人帮助，我也应该帮助他。"

一瞬间，他想起自己当年背负着仇恨，千辛万苦来到吴国的目的，瞬间又燃起了当年的斗志。

一个人的复仇之路是辛苦的，但若多了一个人是不是日子就不那么苦了？

于是第二日，伍子胥便起程进了吴国都城去见了阖闾，并向其推荐了年轻的伯嚭。

阖闾见伍子胥主动来找自己，顿时喜出望外。

这几年中，他不止一次地派人去请伍子胥重新入朝，可都被伍子胥拒绝了，没想到现在伍子胥竟然主动来找自己了，这真是太阳打西边出来了。

阖闾非常高兴，于是当下便将伍子胥封为"行人"（该官职主要掌管朝觐、聘问、出使等事务），日后可与自己一同商讨国事，又封伍子胥推荐来的伯嚭为"大夫"，让其与伍子胥一同参与国家大事。

伍子胥并没有忘记当年自己所受的苦难，更没有忘记阖闾当时对自己所做出的承诺，于是当即要求阖闾兑现当年的承诺，出兵伐楚。

"我与伯嚭都是受了费无忌的迫害家破人亡，流亡到吴国，如今大王已坐上了吴国君王的位置，该兑现当年对微臣许下的诺言了。"

阖闾一听伍子胥这么说，当即笑着道："好说，好说，只要子胥你肯回来辅助孤王成就大业，孤王出兵伐楚只是弹指间的事情。"

他不等伍子胥回话，大袖一挥，立刻又对着殿下群臣道："来来来，大家都别走了，今晚孤王设宴，都留下来吃饭吧！"

当晚，在盛大而豪华的宴席上，阖闾问伯嚭道："孤王领导的吴国地处偏僻，消息闭塞，因此见识难免短浅，听说你父母兄弟也是遭受了费无忌的陷害，被楚国令尹所杀。如今你不嫌我吴国弱小偏远，投奔过来，不知有什么能指点孤王，让孤王也开开眼界？"

伯嚭闻听此言，顿时眼眶一热，泪水忍不住似泉水般涌了出来，泣不成声地道："我伯嚭如今只不过是一介楚国的亡虏，哪里敢指点大王您，家父平白无故遭受费无忌的陷害，被楚国令尹处死，臣冒死逃脱，四处躲藏，听说大王您仁慈宽厚，收留了同样是从楚国逃难至此的伍子胥，所以我才不远千里来投奔，希望能在您这里安身立命，以后我这条命就是您的，您有什么需要我伯嚭效力的尽管吩咐就是，我伯嚭自当万死不辞！"

阖闾听完伯嚭的一番言辞后表现得颇为伤感，但心里却十分舒坦。

不得不说，比起伍子胥，伯嚭更让他喜欢，尤其是方才伯嚭这番姿态放得很低的言辞，听得阖闾非常顺耳。

每个君王心中都希望身边的臣子听话而顺从。

而伯嚭恰巧就是这种人。

参加宴席的官员中有一名与伍子胥关系不错的人名叫被离，同样也是吴国的大夫，他在听完伯嚭的话后却没有阖闾那种舒畅的感觉，反而在心里直打鼓，于是他便小声问身旁的伍子胥道：

"伍大人，以你之见，这伯嚭可信吗？我怎么总是觉得他太会伪装了呢？"

伍子胥道："我与伯嚭都是遭受了费无忌那奸贼的迫害从楚国逃出来的，身上同样都背负着仇恨。"

他忽然问被离道："你有没有听过《河上歌》这首诗？"

被离摇了摇头道："没听过。"

伍子胥道："这首歌里有这么一句'同病相怜，同忧相救'，这就好比受了惊的小鸟，会聚集在一起，其实一点儿也不奇怪。"

听到这里被离仿佛明白了伍子胥的意思。

伍子胥继续道："胡马望北风而立，越燕向日而熙，谁不爱其所近，悲其所思若乎！"

被离听到这里只频频摇头。

"不能以貌取人，你只看到了表象，却没有透过表象去看内在。"

伍子胥在听。

被离道："我看这伯嚭并没有表面看起来那么单纯。"

伍子胥道："哦？"

被离道："他鹰视虎步，可见定是个贪婪之人，我劝你日后还是离他远一些，免得被其牵连。"

伍子胥听罢，只是不以为然地笑而不语。

他不知道，被离方才的一番话，恰恰成了日后历史的印证。

眼前这看似穷途末路的年轻人，将来会贪财滥权，像昔日的费无忌一样，将苦苦为吴国付出一切的伍子胥迫害，直至含冤自刎。

当然，这些都是后话。

此刻的伯嚭只不过是个刚从楚国逃难来的小人物，人微言轻，还没在吴国的庙堂中站稳脚跟，自然也就谈不上什么贪财滥权，陷害忠良。

目前，他刚来到吴国，对这里的规矩还不懂，何况心里扛着与伍子胥一样家仇未报的枷锁，所以见人说话都非常小心，希望日后能依靠着吴国的军事实力替自己报仇雪恨，尤其对伍子胥更是尊重，整天有事没事"哥"长"哥"短地叫着。

无论伍子胥有什么事找他，他都是毫无怨言地全力去做，而且从来不说一个"不"字。

因此，在最初的那段日子里伍子胥与伯嚭二人可说是同舟共济，配合默契，就像亲兄弟一般。

在那段日子里，伍子胥也似乎真的将伯嚭看作了死去的结义兄弟专诸，对他十分照顾。伍子胥独自背负着仇恨多年，其中的孤独和苦楚他只能自己咀嚼，如今出现的伯嚭，仿佛成了他复仇大计的合伙人，他不止一次跟伯嚭描绘他手刃楚平王的场景，就像当初跟专诸描述那般，而伯嚭也总是非常的"捧场"，愿意做那个"最佳听众"，那时的伍子胥将伯嚭当成了与自己志同道合的盟友，却忽视了伯嚭眼中出现的越来越多的欲望。

二、兴兵强国搞基建

当时的吴国已逐渐成长为一个强大的国家，但在基建方面依然存在不少问题，譬如：百姓们常受到洪水与海水涨潮的侵害，军备及防御设备也不完善，使得人民生活没有幸福感与安全感，国库粮仓也很简陋，很多地方都是人烟稀少的荒地没有开发。

在这样的形势下，一旦西边的楚国或南边的越国突然发动袭击，对于吴国自身来说都是一种威胁。

好在阖闾是个非常有政治才干的人。

在还没上台的时候，他便看到了这些问题，因此在登基之后便立刻广纳人才，积极吸取各方意见，尤其是重用伍子胥。

公元前 514 年，刚坐上国君宝座没多久的阖闾委派伍子胥修建都城（今苏州古城遗址阖闾大城）。

要知道，吴国的封地原先一直在江东的太湖一带（今江苏省南部与浙江省北部地区），而都城则在梅里（今江苏省无锡境内），后期迁都于吴（今江苏省苏州境内），伍子胥以"相土尝水，象天法地"八字真言，充分考察了当地的地理和湖水等方方面面的条件，认为太湖东岸的丘陵和平原之间：既有湖泊，又有丘陵可作为屏障，不利于楚国进军，而且能为筑城提供大量石料。

此外，吴中平原沃野、鱼米之乡，正是绝佳的大后方所在。

正是利用这些有利的条件，伍子胥构筑出了周长 47 里的大城和周长 10 里的内城姑苏古城。

第三章　挥师讨伐为常理，岂再鞭尸面不留

阖闾大城的城门一共有八座，且八座中既有陆路之门，也有水路之门，分别是阊门、胥门、盘门、蛇门、娄门、匠门、平门、齐门；如今，时隔两千五百多年，在苏州境内的古城遗址依然保留着的八扇门中，最有名的当数"胥门"与"盘门"。

《苏州府志》云："胥门，西门也，在阊门南，一曰姑胥门。"

胥门，也称老胥门，现存城门为元至正十一年（1351）重建，明清重修。

苏州古城门皆水陆并列，胥门为防太湖洪水进城而建，拱门高4.65米，宽3.3米，纵深11.45米。东向（城内）尚存横额，"胥门"二字已毁。门洞左、右残存垣长约65米，残高7.2米，砖石尚较完整。西向（城外）砖石保存甚少。

盘门，古称蟠门，因门上曾悬有木质蟠龙，以示震慑越国，又因其"水陆相半，沿洄屈曲"而得名。

如今，盘门总体布局和建筑结构基本保持元末明初旧观，水陆两门南北交错并列，总平面呈曲尺形，朝向东偏南10度。

南宋名臣范成大有诗《晚入盘门》：人语嘲喧晚吹凉，万窗灯火转河塘。两行碧柳笼官渡，一簇红楼压女墙。何处采菱闻度

曲，谁家拜月认飘香。轻裘骏马慵穿市，困倚蒲团入睡乡。说的正是当时夜色中的盘门华丽景象。

除此之外，伍子胥还组织大批民众在新都境内修建水利工程，开挖了当时历史上第一条人工大运河——胥江，有效地防止了洪水决堤所带来的灾难，又解决了漕运和当时农民灌溉农田等诸多问题，对吴国的经济发展起到了决定性的作用。

宋代水利家宜兴人单锷于元祐四年（1089）所著的《吴中水利书》一书中，引用了钱公辅之说："自春秋时，吴王阖闾用伍子胥之谋伐楚，始创此河，以为漕运，春冬载二百石舟，而东则通太湖，西则入长江，自后相传，未始有废。"

由此可见，胥江在那时的意义已是非同凡响，尤其是在军船航运方面，更是如此。

据说当年，吴国大将"兵圣"孙武带领数万吴国水师，就是由太湖出发，沿着胥溪悄悄西进，转眼间便出现在了巢湖楚军面前，结果五战五捷，打得楚国上气不接下气，直至攻破楚都郢。

当然，这些都是后话，此处暂且放下不谈。

回过头来，咱们继续说伍子胥为阖闾搞基建兴兵强国那些事儿。

伍子胥建造的这座新都是由大小两座城组成，"阖闾大城"周长约 20 公里，地点就在今江苏省苏州市境内，而作为卫城的"阖闾小城"，周长也在 4 公里左右，地址就在太湖北岸，今天江苏省无锡、常州两市的交界之处。

修建都城，搞基础建设的同时，伍子胥还不忘兴兵这件事儿。

要知道阖闾可是个有野心的人物，之前一直被吴王僚压制着，所以在隐忍，如今夺了位掌了权之后，这急需表现的劲头儿就不愿再藏了，天天净想着怎么扩张版图，夺取他国资源。

而伍子胥正好利用了阖闾这一野心，一步步地将吴国引向了富国强兵的道路。

他扩充军备，广纳人才，为阖闾笼络了一批又一批的政治及军事人才，其中当属被后世称作"兵圣"的孙武最为突出。

但伍子胥向阖闾推荐孙武的过程并不是很容易，由此也引出了伍子胥七推孙武的典故。

阖闾四年（公元前 511 年）。

彼时，吴国上下，仓实民足，百业兴旺，国家综合实力蒸蒸日上，军队素质和战斗力较之前也有了突飞猛进的增长，已有了与强大楚国一决高下的能力。

早先，吴王僚曾派过自己的两个儿子领兵去与楚国开战。

但不幸的是，这两位公子所率领的部队后路被楚军切断而无法返回吴国复命，后来又听说自己的父王被阖闾篡权杀害，二人顿感天塌地陷，悲恸欲绝，于是一气之下扭头就带着兵马投靠了楚国，而当时的楚王就将他二人封在了舒地（今安徽省六安市舒城县一带）。

阖闾即位的第三年（公元前512年），吴国的综合实力迎来了空前的强盛时期，尤其在军事上更是突飞猛进。

此时的伍子胥便向阖闾提议兴兵伐楚。

阖闾心里清楚，伍子胥此举更多的是为了复仇，何况自己与他合作时就曾夸下海口，日后登基坐殿必定会为其一雪前耻。

此事一拖再拖，自己若再不答应，只怕伍子胥又要离去了，于是赶紧点头答应了。

但他很快又皱眉说道："打楚国不是不可以，只是吴国国内目前没有哪位将军能做到与楚国交兵能降低损失大获全胜的。"

的确是句实话。

近年来，吴、楚两国多次交兵，虽胜败各占一半，但完全能碾压对方的情况还从未出现过。

伍子胥道："大王请放心，此次出兵伐楚，吴国必定会大获全胜。"

看着伍子胥信心满满的样子，阖闾不禁有些纳闷。

"子胥，你为何会有如此大的信心断言吴国一定会大获全胜？"

伍子胥道："因为吴国目前已有了一位千年难遇的军事奇才。"

阖闾道："哦，是谁？该不会是……"

他说到这里，眼睛不由得向一旁的伯嚭看去。

伯嚭顿时一愣，随后便立刻摇头摆手苦笑道："不是微臣，不是微臣。"

伯嚭来到吴国已有两三年的光景了，在这几年中他一直保持着低调做人、高调做事的原则，不管白天还是黑夜都是夹着尾巴做人，在面对阖闾时更是言听计从，马首是瞻，从不说对方不爱听的话，办起事来也是非常机灵，因此也越来越受阖闾的喜欢。

再加上他与伍子胥二人又同是楚国人，因此当伍子胥提到吴国目前有一位难得的军事人才时，阖闾第一时间想到的人便是伯嚭。

只听伍子胥对阖闾道："此人便是前些年从齐国来到吴国投靠您的孙武。"

要想让阖闾放一百个心发兵，吴国必须还得有一个能拿出手的将军来统领军队才行。

而这个合适的人选自然非孙武不可。

齐国孙武，字长卿，原本是齐国的贵族（约公元前545年—公元前470年）。

公元前517年前后，齐国内部矛盾重重，危机四伏，而以田、鲍、栾、高为代表的齐国四大家族又联合起来赶走了当时的齐国大夫庆封，整个国家君不君，臣不臣，鸡飞狗跳，一片混乱。

面对这样糟糕的国内环境，年轻而有抱负的孙武萌发了远走他乡另寻发展的念头。

恰巧，此时与齐国南方相连的吴国正在蓬勃发展，这使孙武嗅到了机会，于是决定去吴国，从此隐居山林，研究军史，最终写作兵书《孙子兵法》。

他不求功名，无意仕途，只想能遇明主，一试兵法而已。

三、"兵圣"孙武

来到吴国之后，孙武便经人介绍拜访了伍子胥。

通过一番询问详谈，敏锐的伍子胥发现，眼前这个年轻人可不是简单的富家子弟，其内在的学识更是远远超越了这世间所有已成名的那些名流大师，尤其是在军事上的见解更是已达到了令旁人瞠目结舌、难以与其并肩的境界。

"我今生最大的愿望，就是写一部能流传千古的军事书籍，如今已完成，欲遇明主，一试兵法。"

孙武对伍子胥说着。

伍子胥在年轻的孙武眼中看到了理想的光芒。那灼热的火苗，将自己牢牢吸引。

这样难得一见的人才，如果让其流失就是最大的损失。

于是，伍子胥转头就将孙武推荐给了阖闾，可惜当时的阖闾并没有太过于重视孙武。

此后，伍子胥又连续多次向阖闾推荐孙武，并向其介绍了孙武的家世、人品和才干，说他是文能安邦、武可定国的旷世奇才，但都没得到阖闾的重视。

因为当时阖闾根本就没听过孙武这个人，再看其年纪尚轻，细皮嫩肉，哪里像是会打仗的样子。

"反正这小子是齐国来的贵公子，又是子胥推荐的，就先留着吧，看看日后的表现。"

后来时间一长，阖闾几乎都快将孙武这个人忘记了。

但他低估了伍子胥的毅力。

此后，只要一有机会，伍子胥就向阖闾推荐孙武，前后连续推荐了六次。

这种坚持不懈、诚恳执着的态度，总有一天会有效果的。

而这个效果就在此时此刻。

阖闾万万没有想到，伍子胥在自己面前竟又提起了此人。

这使得阖闾顿时来了兴趣。

第三章　挥师讨伐为常理，岂再鞭尸面不留

"哦，那齐国来的小子真的有这么神？"阖闾问伍子胥道，"他来吴国也有蛮长一段时间了，这段时间以来孤王一直也没顾得上问，他都在干什么？"

伍子胥道："这些日子长卿一直都等候着大王您的召见。"

阖闾一蹙眉道："他就没干点儿其他事儿？"

伍子胥道："除了等候大王您的召见，其余的时间，他都在修改他自己写的书稿。"

阖闾很好奇，于是忍不住问道："写书？他在写什么书？"

伍子胥道："长卿一直以来都有一个梦想，那就是今生一定要完成一部军事理论的巨著，现今在写的正是这部——"

他的话还未说完，就已被一阵笑声打断。

发出笑声的人是阖闾。

只听阖闾笑着说道："别逗了，子胥，一个连须发都未白的年轻小伙子能写什么书？这真是天底下最大的笑话了，哈哈哈……"

虽说自古就有三十而立这一说法，但在那个年代，人们普遍认为，只有年长，且学识渊博的圣人才配写书，而孙武如此年轻

的岁数，人生才刚开始进入加速车道，这世上往后的日子还有很多事他都没有遇着，也不知怎么处理，人生经验有限，又何谈写书呢？

而现在伍子胥却说孙武在写书，这不是天方夜谭般的笑话是什么？

但伍子胥却丝毫不觉得这有什么可笑。

他很严肃地对阖闾说道："大王，人不可貌相，海水不可斗量，人与人之间生命的长度虽都差不多，但宽度却不一样，孙武虽年轻，但学识渊博，洞悉人性，可比得上这世上任何一位名垂千古的圣人。"

阖闾道："哦，真的吗？"

伍子胥道："您若不信，不妨召他进宫来，亲自考问一番便知真假。"

见伍子胥一脸严肃的样子，阖闾也只好收起了笑容道："好，那就叫他进宫来见见孤王。"

大约半个时辰之后，阖闾身边的太监便带着年轻的孙武进了宫。

第三章　挥师讨伐为常理，岂再鞭尸面不留

"听说你这两年都在专心地闭门写书？"阖闾看着眼前年轻的孙武，将信将疑地问道，"而且写的还是关于军事方面的书籍？"

孙武脸不红，心不跳，毫不避讳地回答道："是的。"

阖闾道："准备写多少字？目前写得怎么样了？"

孙武道："回禀大王，我这部书计划写十三篇，共有六千余字，目前已初步完成，正在修改之中。"

阖闾道："哦？能否给孤王瞧瞧？"

孙武道："那是自然。"

说罢，孙武便从长袖中取出了一卷竹简交给了身旁的一个小太监。

显然，孙武这是有备而来。

小太监从孙武手中接过竹简，恭恭敬敬地送到阖闾的面前。

阖闾漫不经心地拿起竹简，不紧不慢地翻开了竹简。

可他才刚打开竹简看了一段，便立刻被其内容吸引住了眼球，之后久久不愿放下，直到将整卷竹简上的内容全部看完才作罢。

"不可思议，不可思议……"阖闾难以置信地看着孙武道，"这真是你写的？"

直到现在，他还是无法相信，如此年轻的孙武，怎么会写出这种世间奇书？

孙武看见阖闾脸上的表情，便已猜到阖闾这是被自己所写的内容所震惊，于是顿时激动起来。

"自然是微臣所写。"孙武道，"微臣初到吴国，两手空空也没带什么礼物，如今就将这部兵书作为见面礼送与大王。"

这竹简中所写的内容自然很不简单，它便是被后世人誉为兵家圣典的《孙子兵法》。

《孙子兵法》又称《吴孙子兵法》《孙子》及《孙武兵法》，该书是中国古代第一兵书，在中国古代军事学术与战争实践中都起过极其重要的指导作用。

《孙子兵法》全书共有：始计、作战、谋攻、军形、兵势、虚实、军争、九变、行军、地形、九地、火攻、用间十三篇，全面且仔细分析讲解了军队在与敌作战时所能遇到的情况及应对策略，它的意义不仅仅是一部军事巨著，更代表了中国古代先秦时期人们的智慧、思想、文化，是千百年来中华文明的浓缩与结晶。

而孙武本人也因这部伟大的巨著被誉为"百世兵家之师""东方兵学的鼻祖"。

阖闾听孙武这么说更是十分高兴，于是感慨地说道："想不到你年纪轻轻便有如此才学，真是百年难得一见。"

他接着又道："但孤王心里还是有些担心，怕你只是空谈而已，所以想考验你一番，你可愿意否？"

孙武道："真金不怕火炼，微臣当然愿意。"

阖闾道："好，孤王这宫中妃子、宫娥众多，你就将她们训练成一支训练有素的队伍，怎么样？"

阖闾这么说自然是一种激将法，也是一种试探。

孙武一听展示自己才能的机会来了，也没多加细想，顿时下拜道："微臣一定不会令大王您失望，此去必定会圆满完成任务。"

阖闾满意地点了点头。

于是，阖闾下令，从自己的后宫中挑出百八十名妃子和宫娥交给孙武训练。

孙武将这些娇滴滴的女子分成了两个队伍，并让阖闾最疼爱的两位妃子分别担任两支队伍的领将，并给每个女子分发了兵刃。

"你们都知道自己的心脏、左右手和后背在哪里吧？"

这句话问得莫名其妙，谁也不知道孙武是什么意思，但妃子和宫娥们还是纷纷回答道："知道。"

孙武道："好，接下来我说向前，你们就看自己的心口所对的方向；我说向左，你们就看自己左手边的方向；我说向右，你们就看自己右手边的方向；我说向后，你们就转过身子看自己背后的方向，明白了吗？"

妃子和宫娥们又纷纷回答道："明白。"

孙武又将方才的话从头到尾重复地问了多遍，妃子和宫娥们的回答也依旧是"明白"二字。

于是，孙武便开始了正式操练，击鼓发令。

可谁知，眼前这群女子根本没有听从号令，而是伫立在原地，不停地"咯咯咯"发笑。

孙武道："纪律不清楚，号令不熟悉，这是领将的失误，领将应该受到惩罚。"

接着，他看着阖闾的两位爱妾又道："但念在你二人是初犯，就不追究了。"

之后，孙武又重复交代了一遍方才的号令。

而这一回，众女子的回答也依旧是"明白"二字。

紧接着，孙武又开始了一遍正式的击鼓号令，让她们向左。

但令人气愤的是，女子们又没有按照规定去做，并且再次笑了，而且比先前笑的声音更大。

孙武的脸色顿时一沉。

"纪律不清楚，号令不熟悉，这是领将的失误，方才念你二人是初犯，但现在我已交代得清清楚楚，你们居然还能犯错就不仅仅是两位领将的问题，而是你们所有人的问题。"

话音一落，孙武便命身旁的士兵将阖闾的两位妃子以军法处置，当众问斩。

这命令一出使得在场众人均是一怔，而两名妃子更是吓得花容失色。

赶巧不巧，阖闾这时候正赶来看孙武训练女兵，见对方要杀自己的爱妾，立刻急了，连忙派人上前劝阻，传话道："孤王已经知道将军善于用兵了，这两个爱妾万万不能杀，没了她们孤王吃东西都觉得没味道了，训练就到此结束吧！"

谁知孙武却对来人回话道："我已接受了大王的命令在这里为将并训练她们，'将在外军令有所不受'，而我现在在军队中，国君的命令也同样可以不接受。"

说罢，孙武便毫不犹豫地将阖闾的两位爱妾以军法处置，当众给斩了，之后又重新任命了两名队长，并再次击鼓发布号令。

这一回女子们没有人再犯错，无论是向左、向右、向后、跪倒，或站起，都符合孙武发出的号令。

于是孙武便派人去向阖闾回报道："队伍现在已经训练完毕，大王可以过来亲自发号施令验证，任凭大王怎样命令她们，哪怕是叫她们赴汤蹈火，相信她们也能办得到。"

阖闾先是哀叹一声，然后对着来人说道："让孙武停止训练，先回驿馆休息，孤王不想再看下去了。"说罢，便带着百官怅然离去。

孙武听了传令之人的回话忍不住也叹了一口气道："看来目

前大王只接受了我的军事理论，却不愿让我付诸实践。"

从此，阖闾虽知道了孙武在军事方面的能力，却还是迟迟没有正式任命他，而且对于伍子胥再三提出的出兵伐楚请求，阖闾也提出了新的要求。

四、掘坟鞭尸楚平王

阖闾道："先前孤王让国师为吴国出兵伐楚算了一卦，结果吉凶各半，不是太好，除非……"

伍子胥道："除非怎样？"

阖闾道："孤王能得到这世上一对独一无二的阴阳宝剑，在吉日吉时祭天后方可出兵。"

他叹了一口气，接着道："子胥啊，这可是关系到我吴军是否能胜的关键，你可要替孤王想想办法呀！"

这分明是一个不可能完成的任务。

但复仇心切的伍子胥还是答应下来。

本来伍子胥是想找之前打造鱼肠剑的欧冶子大师来完成此

事，谁知欧冶子好似陆地散仙，平日里喜欢四处寻幽，过着漂泊不定的生活，一时半刻难以寻到。

无奈之下，伍子胥只能派人另找他人来办此事。

春秋时期，吴、越两国的铸剑锻造技术非常发达，堪称拥有当时锻造世界兵器的顶级技术，而活在世间的铸剑大师除了越国的欧冶子与楚国的风胡子二人外，还有一位名为干将的也很传奇。

这干将是春秋末期的吴国人，与欧冶子乃是同门师兄弟。

伍子胥派人将干将请来，并说明了意图。

自古名与利是最容易打动人心的两样东西，而干将与欧冶子虽师出同门，却一直被师兄欧冶子的光环所压制，因此心里很不服气。

而此刻，为吴王铸剑正是他超越师兄欧冶子的最佳机会。

谁知，干将这一决定却节外生枝，造就了一段既悲怆又凄美的故事。

全身心投入造剑的干将采集铁精金英日日夜夜地钻研苦炼，准备为吴王阖闾炼造一对举世利剑。

第三章　挥师讨伐为常理，岂再鞭尸面不留

但转眼三个月过去了，干将手里采集来的铁精金英却始终不能融化锻造出一对完美无双的宝剑。

而阖闾也在这漫长的等待中失去了耐心。

他派伯嚭去向干将发出了最后通牒，如果干将不能在七天之内铸剑成功，就要将其与家人一同处决。

伯嚭为了讨好阖闾，在阖闾的高压命令之下变本加厉，翻倍施压，三日不成便将干将以及妻儿和徒弟们一并处决。

干将顿时心急如焚，却又束手无策。

正在这时，干将的妻子莫邪看着自己丈夫着急的样子十分心痛，心想："早晚都是一死，不如自己了断，免得受苦被他人折磨。"一念至此，便趁着丈夫不注意，纵身跳入了正在高温燃烧的炼铁炉中。

这一幕的发生更是让干将瞬间崩溃。

他大喊大叫着想救回自己的妻子却为时已晚，炼铁炉中的烈火瞬间将投入其中的莫邪化为了一摊血水。

可奇迹却在这时发生了。

莫邪投入炼铁炉中后，炉中之火仿佛有了灵性，转瞬间便将

难炼的精铁融化成了通红的铁水。

干将也不知道这是什么原因，于是忍住心中的悲痛，继续日夜不停地锻炼铁水，终于在第三日锻造出两柄寒气逼人的利剑，并将其交予验收成果的伯嚭。

伯嚭只看了眼前两柄宝剑一眼，便知此乃世间绝无仅有的神兵利器，于是心中立刻起了恶念。

他担心日后，干将会再为别人铸出比眼前这两柄更好的宝剑，如此一来，吴王阖闾所得的这两柄剑就不能算是举世无双了，于是便命人将干将及其弟子们一不做二不休地全部丢进了炼铁炉中活活烧死，化作了浓稠的血水才算罢休，拂袖而去。

回去见到阖闾的伯嚭将早已编好的谎话讲给阖闾、伍子胥、孙武等人听，说是干将莫邪夫妇为了给阖闾铸出世间仅有的宝剑，自愿投入炼铁炉中，以身殉炉，才最终铸成这两柄举世无双的利剑。

阖闾、伍子胥、孙武等人听后都十分感慨。

从此，干将和莫邪的故事也因这两柄剑而名留千古。

阖闾为了纪念干将、莫邪这对夫妇，分别给两柄利剑取名为干将和莫邪，并同时任命孙武为大将军吉日率领数万吴国兵马攻打楚国。

而孙武则不负众望，带领着吴军攻下了楚国的舒地，并活捉了原先背叛吴国的那两位将军。

阖闾对此非常满意，当即便封了孙武一个大将军的头衔，赋予其领兵的权力。

得到吴王阖闾赏识的孙武心里自然是十分高兴，于是在前线的表现也越来越超乎想象，很快便将楚军打得落花流水，四散而逃。

当时，楚国在郢都，也就是现今湖北省江陵一带。

阖闾一看吴军连连得手便想趁机夺取楚国的都城，便问孙武的意见。

谁知孙武听罢，却频频摇头道："当地百姓太疲劳了，不可攻占，得民心者得天下，大王还是再等等吧！"

阖闾没想到孙武竟会说出这番言辞，不禁在心中又对他看重了几分，点头道："你说得很有道理，此刻，孤王就算打下了整个楚国，却无法获得楚国百姓的认同，只会令他们对我恨之入骨。"

于是当下便大袖一挥，带领着吴国兵马返回了吴国。

等到第二年，阖闾登基的第四年（公元前 511 年），吴国再次攻打楚国。

这一回，孙武作为主将带领吴国军队直接拿下了楚国的六地和鄔地。

阖闾称王的第六个年头（公元前 509 年），楚昭王派公子囊瓦领兵反攻吴国。

而吴国这边则派出了伍子胥与孙武二人迎战，在豫章打败了楚国军队，并成功夺取了楚国的居巢地区（今安徽省六安市东北一带）。

吴王阖闾七年（公元前 508 年），阖闾采用孙子"伐交"的战略，策动桐国，使其叛楚。之后又使舒鸠氏欺骗楚人说："楚若以师临吴，吴畏楚之威势，可代楚伐桐。"十月，吴军趁楚国不备击败楚师于豫章（今江西省南昌市一带）；接着又攻克巢，并活捉楚守城的大夫公子繁。

孙武在以上这几场战役中充分展现了自己在军事方面的惊人才华，令阖闾非常满意。他不断给其加官晋爵，并常常与孙武探讨各种各样的军事及政治问题，都能获得满意的答案。

当然，孙武不是个忘恩负义的人。

他深知自己如今所得到的一切，都是伍子胥当初不厌其烦地向吴王阖闾推荐自己的结果，因此对伍子胥十分感激，私下里与伍子胥二人关系相处得也非常好。

伯嚭非常会察言观色。

他早已发现孙武的厉害，加之他又是伍子胥推荐看中的人，因此也见风使舵与孙武关系处得不错，私下称其为"孙二哥"。

于是，在那段日子里，吴国的朝堂内外经常会看见伍子胥、孙武、伯嚭三人并肩而行、谈笑风生、形影不离的画面。

由此，有人也把那段时期里的伍子胥、孙武、伯嚭三人称之为吴国的"三剑客"。

但由于三人性格和人生选择的不同，因此注定最终无法成为相伴一生的挚友。

吴王阖闾九年（公元前 506 年）。

阖闾再次准许了伍子胥、伯嚭二人出兵伐楚的请求，任命孙武为主将，伍子胥、伯嚭二人为副将，出兵攻打楚国。

临行前，阖闾对伍子胥、孙武二人说道："原先你们说郢都不可攻入，现在情况怎么样了？"

伍子胥、孙武二人回答道："楚国将军囊瓦是个贪财好色之徒，唐国、蔡国两国都十分怨恨他。大王若想要大规模进攻楚国，务必先得到唐国、蔡国的帮助才行。"

这话已经说得很明白了，吴王阖闾当即就采纳了二人的意见，先派人与唐国、蔡国达成了同盟关系，后派大军出动与两国一起联手攻打楚国，使得楚国节节败退，最终在汉水两岸与吴国对阵。

当时，阖闾的弟弟夫概，率兵请求跟随出征，可是阖闾却没有答应，夫概就利用自己手下的五千兵卒攻打楚国将领子常的部队。

一时间，双方打得是血肉模糊，尸横遍野。

最终楚将子常败走，直接跑到郑国寻求政治庇护去了。

于是，吴国将士便乘胜追击，在孙武的带领下利用"因粮于敌"的策略，经过了五次大战，只用了十来日的工夫就攻破了楚国的郢都。

"因粮于敌"这四个字出自《孙子·作战》篇："善用兵者，

役不再籍，粮不三载，取用于国，因粮于敌，故军食可足也。"所指的是，在冷兵器时代，军队消耗的粮食数量巨大。而当时交通条件落后，输送手段简陋，组织大批量的粮食运输，往往需要从百姓中征调男丁，甚至强行征集民众家中的粮食草料，是当时各个诸侯国极为沉重的负担，同时运输线也是敌人袭击的重要目标。

《孙子》一书中为解决粮食消耗和输送困难的矛盾，除了提倡速战速决的方针外，还从后勤保障的角度提出了"因粮于敌"的思想。它的主要内容是：一、在战时尽量想办法从敌方处获取粮草，"掠于饶野，三军足食"，以减轻本国军队所承受的负担和后勤输送的压力。二、把"因粮于敌"作为削弱敌人实力的手段，让其成为增加敌方军粮供应困难的有效措施，"食敌一钟，当吾二十钟；忌秆一石，当吾二十石"。三、将"因粮于敌"与"取用于国"两种措施结合起来。粮草有时也可从敌国境内获取，而作为"用"的武器装备则主要依靠国内供应。

这是因为，在当时的社会中，锻造和冶炼技术有限，而部队的武器制式则又要求规范统一，因此在休战和平时期，各诸侯国就要抓紧时间去制造和储备，并让将士们在日常训练时熟练地运用它，这样才能让武器在战时发挥效力。

在"兵圣"孙武的带领之下，吴国的大军有如神助一般，吴国三万水师乘坐战船，一路西进，讨伐楚国。等到达淮汭（今河南省潢州西北一带）时，孙武却突然下令官兵舍舟登陆，以三千五百余名精锐士卒为前锋，迅速通过楚国北部大隧、直辕、冥阨三关险隘（今河南省信阳南一带），直趋汉水，深入楚国腹地，不出数日，挺进汉水东岸，达成对楚国的战略奇袭。

此时的楚国兵卒还完全没有反应过来，仓促应战，结果连连败退，直至大败而逃。

吴军则紧随其后，咬着楚军不放，用"半渡而击"等战法，耗时十余天行军七百多里，五战五捷，直到最后攻陷楚国国都。

当时，整个楚国都已沦陷，时任楚国国君的楚昭王立刻卷铺盖，带着大量金银珠宝和后宫妻妾连夜出逃。

没想到就在楚昭王前脚刚走之际，吴王阖闾就大摇大摆地随吴国大军一起来到了郢都，并住进了楚国的皇宫里。

而楚昭王带着家当和老婆孩子一大堆人，辗转奔波逃到了郧国，寻求庇护。

郧国作为楚国的小弟，一直唯楚国马首是瞻，因此楚国国君如今受难，郧国国君自然要伸手相助。

于是郧国国君就大方地收留了楚昭王一行人，还将自己一栋豪华气派的私人住所安排给他们居住。

此事被郧国国君的弟弟怀得知，他非常生气，因为当年正是楚平王残忍地杀死了他的父亲。于是，他就进宫对自己的哥哥说道："楚平王当年杀了我们的父亲，如今天道轮回，我们杀了他的儿孙也不算过分。"

郧国国君一听此话，当场将头摇得跟拨浪鼓似的道："我们跟楚国早已达成了协议，怎么可以做出违背盟约的事情呢？"

怀道："既然大王您不敢，只愿意做好人，那就只能我来当坏人了。"说罢，他便转身大步流星地拂袖而去。

郧国国君担心自己鲁莽的弟弟会做出傻事，于是当晚辗转难眠，终于在黎明时做出重大决定，那就是他自己与楚昭王一起逃往随国避难。

而吴国的军队也紧随其后，紧咬着楚昭王与郧国国君不放，

一路追到了随国。

当时的随国也是个实力薄弱的小国家，哪里是吴国的对手，于是两军一接触，随国便立刻闪电般被击败了，而吴国军队则如蝗虫一般顷刻间便突破防线，包围了整个随国。

吴国前锋将领用激将法对着随国兵卒道："在汉水流域的周天子臣民如今都已经被楚国杀了个一干二净，你们这些人还要保护楚王，难道想引狼入室？"

随国兵卒一听此话，顿时都变了脸色，转头就向随国的君主请命要杀了楚昭王。

可掌握随国政权的贵族们却不傻，知道这是吴国人用的计策，于是便找来国师算了一卦。

在当时，每个国家都有自己的国师，而这些国师其实也就是巫师，其主要职责就是替君主、臣民与所谓的神灵沟通，以此来做出国家的重大决策及预测国家的命运走向。

经过随国的国师一算，将楚昭王交给吴国人乃是凶兆，将会对随国国运不利，于是，随国就婉言拒绝了吴国的要求。

可吴国将士哪是那么好糊弄的，此次他们不远万里而来，早已受到了伍子胥的暗中指令，其目的不仅是要击败楚国，更是要将楚国王室彻底消灭。

情急之下，随国王子綦，只能将楚昭王一行人藏了起来，而自己则乔装打扮冒充楚昭王的样子去搪塞吴国人。

要知道这随国一直也是在楚国的庇护下才存活的，因此唇齿相依，如果楚国被灭，那么随国也必将不复存在，因此随国王子綦这么做也算是大义凛然，弃车保帅了。

可这种把戏怎么能欺骗得了伍子胥呢？

当假扮成楚昭王的王子綦往伍子胥面前一站，伍子胥便立刻知道是假的了。

当初，他逃离楚国时曾不止一次对天发下毒誓，今生一定要灭了楚国，亲手杀了楚王，而如今看见站在自己面前的人是个假冒的楚王时他又怎会罢休？

仇恨是柄双刃剑。

它既能激励一个人，使其砥砺前行，同时也能毁掉一个人，使其彻底变成恶魔。

而此刻，背负仇恨这副枷锁多年的伍子胥，终于再也绷不住

了。

他忍辱负重多年，等待的就是这一刻。

他带领着吴军在楚国历代君王陵园中疯狂地寻找楚平王的陵墓，势要挖坟掘墓。

也许是苍天怜悯伍子胥前半生坎坷的遭遇，楚平王的陵墓很快便被他找到了。

于是，伍子胥立刻下达指令，对陵墓进行挖掘。

自古修建帝王将相的陵墓都是一项浩大的工程，没有个几十年的工夫是绝对修建不好的。

因此，要想对一座帝王陵墓进行大规模的挖掘也不是一件容易的事。

经过一天一夜的不断挖掘，吴军终于将楚平王的棺椁从几尺深的地下刨了出来。

看到曾经不可一世的暴君，如今已成一堆白骨，多年以来压抑在伍子胥心中的丧父之痛、丧兄之痛，瞬间如泉水般从他胸中涌了上来。

他似疯子般在一旁大哭大叫，让一旁的兵卒将楚平王的尸骨用麻绳捆绑起来，又拿出他提前准备好的长鞭，沾着冷水，开始对着楚平王的尸骨疯狂地抽打，从头天午夜到第二日的天明，足足鞭打了三百余下，直到自己体力不支，楚平王的尸骨也已全成了粉末才算结束。

当时，在一旁观看的人中还有大将孙武等人。

孙武看到伍子胥这般疯狂的一面，在感到吃惊的同时，还有些于心不忍，当下，他再也忍不住便大喝一声，欲要制止伍子胥。

"够了，你难道非要做得这么绝，不怕传扬出去，被后人耻笑吗？"

在孙武的心里一直对曾经极力推荐自己的伍子胥很是感激，因此两人私下关系处得也非常好，可用"莫逆之交"四字来形容，所以当看到眼前这一幕时，他实在无法忍受。

伍子胥泪流满面地对着孙武说道："你有尝过一夜之间痛失所有亲人的感受吗？你有过父母兄弟被杀，而自己却只能像野狗一样四处躲避仇家的经历吗？"

他指着楚平王的尸骸，歇斯底里地大声吼道："他，楚平王熊居当年不分青红皂白，听信小人费无忌的谗言杀了我的父母兄

弟，如今我掘了他的墓，替父母兄弟报了仇，一报还一报，这有错吗？你说，这有错吗？"

天明，大地开始明亮起来，但在孙武的眼中，伍子胥却一直笼罩在黑暗之中，他佝偻的身躯，因为鞭尸显得有些体力不支，却强硬地努力想挺直腰板，他用仇恨杜绝了所有光亮，自己成为此刻大地上最孤独的存在。在这一刻，孙武眼中的伍子胥居然生出了一丝凄凉可怜之感。

孙武对伍子胥说道："你是被仇恨冲昏了头，一世英名，就这样毁于一旦，你定会被刻在耻辱柱上，遭后人唾骂，背负千古骂名。"

此言一出，似瞬间刺痛了伍子胥的神经。

只见伍子胥跳着脚，指着孙武大声叫道："孙长卿，你没有尝受过我所遭遇的痛苦，如丧家犬般拼命逃亡，几经生死，最后被逼得一夜白头不堪回首的经历，也没有品尝过这深入骨髓的仇恨，没有经历过我所经历过的痛苦，你又凭什么劝我善良？"

从古至今，恨一个人能恨到如此地步的，恐怕除了伍子胥外这世上也没有几人了。

不知死后又遭受如此惨烈鞭尸的楚平王熊居听到伍子胥这番言辞在九泉之下会作何感想。

生前残虐昏庸的他可能怎么也想不到，那个曾经放下灭楚狠话，被他和费无忌逼得走投无路的伍子胥，如今竟会真的兑现誓言带领着吴军踏平整个楚国，并对着自己的尸骸展开锉骨扬灰式的报复。

三十年河东，三十年河西，世间有很多事都是这样子的。

所以人们常说：做人做事不能做得太绝，否则最后倒霉的必定是自己。

五、申包胥泪泣秦廷

昔日帮助伍子胥逃离楚国的好友申包胥在吴军入楚国时，逃到了深山中，此时他听到伍子胥鞭尸的消息后，忍不住派人对伍子胥破口大骂起来。

"伍员，你心中有家无国，你这样复仇实在太过分了！苍天有眼，有朝一日一定会跟你算总账的。你家世代为楚国臣子，你也曾侍奉过他，如今却卑鄙无耻到要辱没他的尸首，这真是伤天害理，有损阴德到极点了。"

"我与申包胥虽是好友，但他却一点儿都不了解我。"伍子胥听罢，仰天惨笑着道，"我就像要落山时候的太阳，但所要走的路途还很遥远，因此只能逆天悖理行事了……"

说到这里，他已哽咽到说不下去了，眼眶里却满是泪水。

昔日楚平王残忍无道，杀害了他一家老小，只因那奸臣费无忌的一句谗言，最后逼得他走投无路，一夜白头，似丧家犬一般东躲西藏，如今虽已过去多年，却如同发生在昨日，历历在目，令他痛苦万分。

这段不堪回首的往事，世间又有几人经历过？几人能理解？

看着站在远处的孙武还有早就不见人影的伯嚭，伍子胥意识到在复仇之路上从始至终只有自己一人，这仇恨的苦楚只有他一人懂得。

"无人懂我，无人懂我啊！"

伍子胥仰头长笑，笑着笑着眼角又流出了泪水，风吹起他的白发，他已不再年轻，自己在楚国出生、长大，父亲从小就为自已规划好了为楚国臣子的路线，而自己却一路颠沛流离，早生白发，再次回到楚国时，家已亡，国又有何存在的必要，这个伤心地，不只埋葬了自己的家人，还埋葬了自己原来对未来的美好的向往。

不是不报，只是时候未到。此次吴军攻打楚国，表面上虽是大将孙武领军，其实却是由伍子胥指引，二人配合默契，所以才会如此顺利地打进楚国国都。

但二人的感情也因伍子胥鞭尸楚平王的举动而结束。

道不同不相为谋。

本来伍子胥在吴王面前七推孙武，使孙武铭记在心，平时很是敬重他。

但通过此事孙武却彻底将伍子胥看低，下定决心再也不与其来往，二人自此分道扬镳。

谁能想到，五战五胜的吴国大军，仅用了十几天的时间，就抵达郢都城下。楚国从建国以来，别说没发生过这种外国军队兵临城下的情况，连听甚至都没听过，可吴国现在却做到了。

国都一夜之间如风中残烛被破，令楚国境内成千上万百姓瞬间陷入惊慌和绝望之中。

但在这黑暗的时期，有一人却不愿听天由命做亡国奴，发誓要重新复兴楚国基业。

——这个人就是伍子胥曾经的好友申包胥。

一个是亲手毁了自己的祖国，一个则是要亲手拯救自己的祖国。

楚国被吴国攻破后，申包胥便不辞辛苦，跋山涉水地跑到了地处西北的秦国，打算向秦国借兵伐吴。

在当时，地处西北的秦国实力正在与日俱增，已然有了大国风范，开始打算剑指中原，而楚国则在这个上升阶段选择了与其交好，成为盟友。

而且秦国在当时众诸侯国中是最讲信誉和道义的，没有不良记录。

因此，当吴军攻破楚国国都，进城开始没日没夜烧杀抢掠、奸淫妇女之时，申包胥第一个想到的就是去秦国借兵。

来到秦国，申包胥便见到了当时秦国的话事人秦哀公，请求其出兵伐吴夺回楚国。

　　秦、楚两国是盟友，而且秦国又是出了名的讲义气，按常理应该会同意出兵帮楚国一把。

　　可令人万万没有想到的是，秦哀公一听申包胥来借兵，却顿时脸色一沉，将申包胥晾在宫门之外，避而不见。

　　自从弭兵大会后，中原已久不闻战事，更何况，吴、楚两国之间的争斗秦国根本不想掺和进去。

　　被秦哀公冷落的申包胥得知秦国不想出兵救楚，顿时悲痛万分，当场在秦皇宫宫门外似一个受了委屈的小媳妇儿般放声大哭起来。

　　可这样的举动哪能将一国之君的秦哀公唬住？

　　他冷笑着对身边侍奉的太监说道："去，告诉申包胥，叫他别费劲儿了，他就算把天哭出一个洞来，孤王也不会见他，更不会借兵给他的。"

　　很快，太监便将秦哀公的原话添油加醋地传达给了申包胥。

　　一个国破家亡的楚国人，就算在楚国的地位再高，只要身上没有钱，给不了好处费，就连太监也不会高看你一眼。

　　申包胥得知了秦哀公的意思后便跪在宫门外，大声地对着宫

门哭道："既然秦国君主不愿见我，那么我就跪在此处不走了。"

传话的太监听了，忍不住冷笑一声道："那也是没用的，就算你在这里变成了石头，我家大王也不会理会你，你还是趁早从哪来回哪儿去吧！"说完扭头就走，再不理会申包胥。

可谁知，申包胥果真没有罢休，一直跪在秦国的皇宫门外痛哭。

申包胥这一哭，可谓是感天动地泣鬼神，整整哭了七天七夜，不吃不喝。秦国文武百官无不被他的意志所感。

也许是上苍不忍心看到一代忠臣申包胥如此受苦折磨自己。

就在他奄奄一息即将坚持不住的时候，秦哀公终于心软了。

楚平王无道，本该受到惩罚，但楚国千千万万的臣民却是无辜的。

如今在这危难之际，楚国竟然还有申包胥这样的忠臣，当真是老天留情面不愿看到楚国灭亡。

于是，秦哀公就派出了五百辆当时秦国军队中最精良的战车去拯救危在旦夕的楚国，与吴国侵略军作战。

如此一来，弄得吴国有些蒙了。

要知道，吴国在那个阶段还是个南方小国，能打败强国楚国，并占领楚国全靠了伍子胥与孙武，一个是对楚国国情很了解，另一个则是战术策略高人一等，两人相互配合才能得胜。

如今孙武因伍子胥鞭尸楚平王而与其分道扬镳，不愿再与其合作，一再向阖闾请辞。

阖闾极力挽留才使得孙武没有走。

但孙武却从此再也不管任何军务，退居二线，做起了闲人。

没有了主将孙武的指挥，吴国军队顿时像是失去了主心骨，阖闾的心里也是七上八下，他没有底气应对这批来自西北的虎狼之师。

两军一见面，吴军就立刻尿了，在稷地（今河南省桐柏县一带）被秦军直接按在了地上一顿摩擦，毫无还手的余地。

与此同时，逃亡在外的楚昭王一听秦国出兵来救援，当即召集散落各地的楚国流民与军队，打算来个肉夹馍般的攻势与秦军一起夹击吴军。

而运用苦肉计感动秦哀公的楚国功臣申包胥，在秦军开拔之后，又扭头去了吴国的死对头越国，如法炮制说服了越国也出动兵马北上伐吴。

受到前后夹击的吴国军队哪能受得了这般捶打，很快便全面溃败。

赶巧不巧，就在这个节骨眼上，吴国内部又发生了内乱。

由于吴王阖闾长期都留在楚国境内没有回国，他的弟弟夫概便动了歪心思，偷偷溜回了吴国，趁机篡位夺权，自立为王。

阖闾听到这消息后，气得差点儿没有口吐白沫，当场晕厥。

他没想到自己的这次出兵伐楚真的是赔了夫人又折兵，虽有些不甘心，但也只能听取伍子胥的建议，放弃攻打下的楚国和华丽的楚国皇宫，带着吴军返回吴国与自己弟弟作战，争夺王位。

就这样，吴楚之间的战争，最终以楚国失而复得而告一段落。

在这场楚国的浩劫中，伍子胥凭借着为家人父兄复仇的毅力和执念险些将楚国彻底消灭，而楚国的忠臣申包胥也同样用复兴楚国的执念又使得奄奄一息的楚国再次如野草般重生，由此可见，一个人心中只要有不屈不挠的强大执念，就算是铁杵最终也能磨成针。

第四章
吴越相争数十载，悲情人物落幕时

一、来自越国的危险

阖闾的弟弟夫概本就是趁着自己哥哥不在宫中而夺取的王位，实际上此人毫无政治能力，更谈不上军事才能，只会投机取巧，因此等到阖闾一回国便将他打得抱头鼠窜，一路逃到了楚国境内。

赶巧此时，楚昭王联合秦国军队刚刚夺回了楚国所有的地盘，一见夫概灰溜溜地跑来投靠自己，便知道吴国内部现在绝对是乱成一锅粥了，于是立刻假惺惺地将堂溪谷（今河南省驻马店市西平县西平柏城镇以西一带）封给夫概称作堂溪谷氏，接着便大张旗鼓地召集全国数万兵马。

此时的楚国军民受了如此大的屈辱早已对吴国恨之入骨，人人都想将吴军扒皮抽筋，因而杀气腾腾地去与吴国开战。

而这时候的吴军已是人困马乏，疲劳应战，因此很快便败下阵来，举白旗投降了。

但这件事并没有结束，阖闾也并没有就此罢休。

伍子胥却审时度势。

他看到楚国在如此危难之际竟然能拉来秦国这般强大的盟友联合起来反攻吴国，于是便劝阖闾不要与秦国硬拼，要以退为进，先回吴国休息一段时间再从长计议。

阖闾觉得伍子胥说得很有道理，如今吴军将士经过了几场战役早已精疲力竭，如果再打下去，恐怕吴国就要被灭了。于是，他就派人去向秦国示好，又签订了一系列的友好条约才算罢休。

可就在阖闾派人去和秦国谈判，双方还没有完全休战的同时，好大喜功、喜欢逞能的伯嚭却对阖闾说道："大王，我吴军将士自从与楚国开战以来一直势如破竹，无人可挡，如今怎么才与西北秦狄交锋就认输，岂不太丢面子了？"

他接着自告奋勇道："微臣自愿领兵一万去与秦军交战为大王挽回颜面。"

阖闾见他勇气可嘉，十分感动，便同意了他请战的要求，让他去与秦军作战。

可伯嚭哪里会领兵打仗，如果论拍马屁、编瞎话他伯嚭或许是一流的，但论到领兵打仗，他伯嚭只怕连九流都算不上。

伯嚭带着一万兵马直接冲入敌方阵营中，本想杀对方一个措手不及，谁知却被对方团团围住，一截为三，首尾完全无法呼应，进退两难。

伯嚭大惊失色，吓得魂飞天外，心想："完了，我命休矣！"

正在这时，伍子胥忽然带着援兵赶来了。

经过一番苦战，从黎明到午后，伍子胥才终于成功地将惊魂未定的伯嚭带了回去。

孙武见了伯嚭不禁冷笑一声对伍子胥说道："伯嚭为人，矜功自任，以后必为吴国祸患，不如趁此兵败，以军令斩之。"

孙武之所以会说出这般言辞，是因为他早就看伯嚭不顺眼了，对其的刚愎自用非常反感。

可伍子胥却念旧情，认为伯嚭虽战败却是为了吴国而战，因此不论结局如何都算是有功的，因此不该受到惩罚，所以便向阖闾奏请，赦免伯嚭。

阖闾也没办法，只能带领吴军灰溜溜地退回吴国，休养生息。

可仅仅过了两年，吴国就缓过劲儿来了，并且又有了再次与楚国开战的打算。

于是，这回阖闾便派出自己的儿子，也就是当时吴国的太子夫差领兵去与楚国交锋。

太子夫差不负众望，凶猛勇敢，一上阵便将楚国打得屁滚尿流，顺利拿下了楚国的一些城池。

这一战的失败令楚国人担惊受怕了很久。

经过几次朝堂的决议，最终楚国决定迁都。

当吴王阖闾一心一意发兵再次伐楚的时候，他所统治的吴国后方却有一个潜在的危险——越国。

越国原本只是一个南方不起眼的小国，一直受着北边吴国的威胁，可是在这几年吴楚不断发生战争的时间里，弱小的越国不断发展，渐渐发展成了一个能与吴国分庭抗礼的对手。

于是，就在吴国再次发动对楚的战争时，越国却趁其不备，对北边的吴国发动了突然进攻。

从这一刻起，中华历史又添了新的篇章，长达数十年，著名的"吴越争霸"正式在春秋时期的舞台中央拉开序幕。

就在吴国太子夫差带兵攻打楚国的四年之后，鲁国封孔丘为相国。

这位孔丘不是别人，正是日后学徒三千，周游列国，影响中华后世两千余年的伟大思想家、哲学家孔子。

公元前 496 年，吴王阖闾在位的最后一年。

阖闾因为南边的越国趁着吴国与楚国开战时突然袭击，因此大怒。

"一个南边的小国也敢来挑衅孤王，真是一群不知死活的人。给孤王按在地上，往死里打！"

于是同一年，阖闾便下令伐越，双方在檇李（今浙江省嘉兴市西南一带）爆发了一场大战。

可阖闾怎么也想不到，这场吴越之战将会断送自己的性命。

二、阖闾之死

公元前 496 年。

这一年越国的老越王允常去世了，新王勾践也才刚登基不久，西北边的吴国便在第一时间立刻得到了来自探子的消息。

第四章　吴越相争数十载，悲情人物落幕时

阖闾嗅到这是一个彻底削弱越国实力的机会，便将文武群臣召集在一块，连夜商讨对越策略。

在会议上，众人一致认为，越国新王年轻，治国安邦的能力很有限，此时内部一定有很多问题都没有解决，吴国应该趁着这机会彻底将其击垮，使其日后再也没有跟吴国叫嚣的能力。

说干就干，在一个风和日丽、春暖花开的良辰吉日，吴国出动数十万精锐向着越国开拔。

吴、越两国很快便在橋李拉开了阵势，准备血战一场，因而后世人们也将它称之为"橋李之战"。

当然，这一次的"橋李之战"严格意义上说只能算是第二幕，上一次的大战发生在公元前510年。

那一战直接拉开了吴、越两国近四十年，相互仇视，龙争虎斗的序幕。

有了上一回大胜而归的经历，这一次的吴国将士们更是没有将越国放在眼里。

在他们眼里打一个弱小的越国，只能算是活动活动筋骨而已，根本不需要太费力气。

战事一开始，便见越国一方上场的是一群袒胸露背、浑身上下脏兮兮的越国死士，而并非正规军。

阖闾见状，不明所以地纳起闷来。

"这群越国人在搞什么鬼？"

正在他思索对方意图之时，只见这群越国的死士已喊声震天，不要命地向吴军扑了过来。

可吴军装备精良，将士们训练有素，哪是这群死士能冲破的呢？

结果可想而知，这支敢死队一登场就被吴军全部擒获了，弄得吴军将士们忍不住纷纷大笑起来。

一名吴军将领对着越人大笑道："你们这么弱，连个娇滴滴的小娘子都不如，还打什么仗？哈哈哈！……不如早些投降做俘虏，我还可以保住你等的性命。"

但吴国人显然低估了自己的敌人。

就在吴国将士嘲笑越国军队无能，笑得前仰后合，眼角都流出晶莹的小泪花时，越国一方又再次出动了。

这一次，越国派出的依旧是敢死队，但不同的是这一次队伍的成员们显然比之前的速度、反应，都要快得多，也灵敏得多，相互之间配合也很默契，一看就知道不是临时拼凑组合而成的。

只见他们排成三行，整齐划一步至吴军阵前，异口同声呐喊着，前一排的士兵甚至抽出腰祥断刃当着吴国将士们的面自刎而亡，以示自己一方不惧生死的勇气。

这一幕发生得突然，使得吴国将士们都看傻了眼。

"这帮越国人究竟在搞什么？"

就在这瞬息之间，令人更不可思议的一幕发生了。

只见越国的这些死士已经挥舞着手中的长戈来到了吴国军队前，眼看就要将众人的项上头颅砍下当酒壶了。

可吴、越两国的军事差距是摆在桌面上的，怎会被越国如此轻易地吓住？

所以，一阵震天动地、撕心裂肺的嘶喊声与刀光剑影过后，吴国将士们几乎没什么损失，而越国的敢死队成员们的头颅却已搬离了老家，魂飞天外。

但这并不是结束，而只是开始。

就在吴国将士们都还没有完全反应过来的时候，越国一方的正规军却突然如黄蜂一般从四面八方的埋伏点涌出，向吴国将士们发起了猛烈攻击。

这使得吴国将士们措手不及。

两方人马瞬息间便恶战在一处，杀得是尸山血海，尸骨成堆。

吴国不知道的是，越国这一战是抱着必死的心而来的，因此将士们各个勇猛，势不可当。

如此一来，吴国连带着御驾亲征的阖闾在内，全都被眼前这景象给吓傻了。

多年来吴国与楚国、齐国等大国不知交战过多少次，再勇猛彪悍的军队他们也是见识过的，可眼下像越国这般不要命的他们还是头一回遇着。

这世上怕的就是不要命的。

吴军若一直带着恐惧心理与越人作战，那结果必输无疑。

说时迟，那时快！

就在这万分紧张的时刻，只见越国大夫灵姑浮带领着左右将士们径直向着阖闾的车队杀了来，用手中长戈对准阖闾的脚就是

第四章　吴越相争数十载，悲情人物落幕时

一戳，当场斩落了吴王阖闾的脚拇指，痛得阖闾发出一声惊天动地的哀号。

同样被这一幕惊吓到的还有吴军的将士们。

众人瞬间都是一愣，因为谁也不知道接下来应该怎么办。

幸好阖闾身旁的伍子胥机警，看到阖闾受伤连忙上前护驾，替阖闾挡住了接下来的攻击。

阖闾既然受了伤，自然也就没有再战的兴致，当下便下令全军撤退。

另一方的越军见吴王受伤顿时来了精神，各个斗志昂扬，哪里能如此轻易地放走吴军，紧追不舍地追着吴军砍杀。

吴军带着受伤的阖闾一路灰溜溜地仓皇而逃，以至退到七里外，见越国军队没有追上来，才算松了一口气，车马也随即慢了下来。

然而这个时候阖闾受伤的脚一直血流不止，他的整张脸也因失血过多而变成灰白色。

由于那个年代的医疗条件十分有限，加之阖闾受伤后只顾着逃命没有顾得上医治，也不觉得疼痛，一路流血带伤跑了七里，

等到车马停下休整时，才感觉到抓心挠背，疼痛难忍。

但此时医救已错过了最佳时间，阖闾整只受伤的脚此刻都因失血过多而发紫发黑，若不是伍子胥拼命相救，恐怕就要当场身亡了。

回到吴国都城宫廷内不久，吴王阖闾便因伤不愈而病逝。

弥留之际，阖闾强忍着伤痛，紧紧握着太子夫差的手，坐在床榻上，又命人将已经处于半隐居状态的孙武叫来。

孙武自然知道阖闾在战场上受了伤，也明白对方此时叫自己来是什么用意，因此在见到阖闾的时候，他表现得很镇定。

"孙长卿，拜见大王。"

阖闾眯着眼瞧着面前的孙武道："长卿啊，你若再晚来半刻，你我君臣二人今生恐怕是再也见不到面了。"

孙武道："大王言重了……"

阖闾忽然摆了摆手，打断了孙武的话："孤王被越人所伤，眼下自知命不久矣，可在临走之前，想嘱托你与伍员几句。"

伍子胥一听这话，立刻道："大王尽管吩咐。"

孙武却站在原地，垂着头，默不作声。

只听阖闾说道："孤王想将辅佐太子夫差以及吴国的未来托付于你二人和伯嚭，希望你三人日后能够齐心协力辅佐太子，将吴国继续壮大，成就霸业。"

孙武道："大王，孙武现在已有了退隐之心，辅佐太子与壮大吴国的事业还是交给伍员和伯嚭吧！"

此话一出，厅堂之内顿时鸦雀无声，阖闾、夫差、伍子胥、伯嚭等人同时看向孙武。

敢当面回绝大王的人他们之前只怕还从未遇见过。

伯嚭突然道："孙武，大王看重你才将这么重大的事嘱托于你，你怎么能如此敬酒不吃吃罚酒？"

近些年来，伯嚭越来越讨阖闾喜欢，俨然已成为他的心腹，所以说起话来也是越来越硬气。

可孙武根本就不理会他。

不理会别人的原因通常只有一种，那就是打心底就根本没有瞧得起对方。

只听孙武道："大王身受重伤，应该多多休息，长卿就不打扰了。"说罢，欲要转身就走。

可就在此时，厅堂之内忽然涌出一大群身穿铠甲、手握兵刃的勇士，将孙武团团围住，拦住了他的去路。

只听阖闾叹息一声道："将军文武全才，乃是当今天下不可多得的人才，只可惜不能为我吴国所用。"

伍子胥见状立刻上前，对着阖闾道："大王，万万不可！"

阖闾道："伍员，你应该比任何人都清楚，他孙长卿若为我吴国效力，那么吴国将来必定能在众诸侯国中脱颖而出，成为一方霸主，但反之，他必将成为我吴国的最大隐患。"

他接着道："孤王如今自知不久于世，若不趁这有限的时间为吴国的将来做些谋划，有何颜面去见九泉之下的列祖列宗？"

伍子胥瞬间说不出话了。

阖闾说得没有错，事实也的确就是这样。

但是孙武毕竟是个难得的人才。

伍子胥回想当年自己向阖闾七推孙武，才使得孙武脱颖而出，最终成为吴国大将军；而且私下里，自己也一直将孙武看作知己，虽然这几年来孙武因为自己当时鞭尸楚平王的行为耿耿于怀，与自己分道扬镳，但自己对孙武的态度却从未变过，因此不管如何，自己都绝不能让阖闾杀了孙武。

一想到这里，伍子胥又再次开口道："大王，孙长卿伐楚有功，如果今日大王真的就将一个功臣这样杀了，传扬出去，日后天下有识之士谁还敢来为吴国效力？"

伯嚭冷笑一声道："大王，莫听伍员的胡言乱语，吴国能灭楚国本是天命所归，本该如此，即便没有孙长卿，吴国日后也必将能够成就一方霸业。"说罢，他向那群穿着铠甲的武士一挥手，示意将孙武拿下。

时至今日，伯嚭依然清晰地记着，当时自己率领一万将士去偷袭秦军失败时，孙武嘲讽自己无能的画面，所以对于孙武，他早已恨之入骨，怎能让其好过？

谁知伍子胥忽然用自己的身子挡在孙武面前，冲着伯嚭大喝一声道："伯嚭，什么时候轮到你在这里发号施令了？"

伯嚭道："伍员，你难道为了一个孙武要背叛大王吗？"

伍子胥虽然曾经多次帮助过他伯嚭，甚至还在危难之际救过他一命，但在利益面前，他伯嚭自然还是会将曾经的恩情抛得一干二净。

一时间，厅堂之内的气氛顿时紧张异常。

现在但凡有根绣花针落地的声响都能让众人立马开始厮杀。

就在这时，阖闾对伍子胥道："伍员，不要那么刚烈，刀剑无眼，小心这些殿前武士伤了你。"

他笑了笑又道："但是，孤王毕竟是要将太子夫差与吴国的将来托付于你的，所以不会让你在孤王之前离开这世间。"说罢，便一挥手，示意铠甲武士们退下。

伍子胥道："大王若想让微臣辅佐太子，今日必须先放了长卿，否则微臣宁愿现在自刎于殿前。"

听到这里，阖闾不自觉又用眯成缝的眼睛盯着孙武道："孙将军，你若不离开吴国，孤王可以承诺，今后再也不会有人会骚扰你，将军日后可舒舒服服度过余生。"

这已经算是一种让步了。

孙武自然也不是不识趣儿的人。

于是孙武道："长卿余生愿解甲归田，在吴国做一名樵夫直到终老。"

阖闾笑了："孤王替吴国谢谢将军了，你现在可以走了。"

孙武道："谢大王。"

说完这句话，孙武又转向伍子胥道："谢谢兄长多年来对我的照顾，日后还望兄长多多珍重，长卿就此别过了！"说罢，便当即转身要走。

就在这时，伍子胥突然道："长卿……"

不知怎么了，说到这里时，他的眼眶中已满含热泪，喉咙也开始哽咽。

孙武没有回头，更没有停下，听见伍子胥叫自己的名字，他只是抬起手在空中晃了晃，便大步流星地走了。

伍子胥曾经自认为的这两个挚友，一个对自己剑拔弩张，一个决定归隐田园。天地间仿佛只剩他伍子胥一个人孤独地、落寞地立在原地。

就在孙武前脚刚走，吴王阖闾的脸色一瞬间变了。

现在他的脸色看起来已成一种紫青色，十分可怖。

突然，他从口中咳出了一口浓稠的鲜血。

众人顿时一惊。

太子夫差立刻扑上去道："父王！……快传御医！"

阖闾一把拉住太子夫差的衣袖，向其摇了摇头，用尽全身力气，说道："你一定要记住，越国是我们吴国的仇敌，世世代代的死敌，永远都不会变，你一定要替孤王报仇雪恨，一雪前耻，将越国彻底消灭，只有这样吴国才能延绵万代，孤王在九泉之下才能安心……"

说到最后一个字时，他的人已断气，但双眼依旧睁着，看起来十分狰狞，十分可怖，似一定要看到吴国将士们踏破越国的都城，砍下越王勾践的头颅才肯罢休。

三、一片赤诚照沟渠

一代雄主吴王阖闾最后含着不甘与遗憾离开了人世，太子夫差从此登基坐殿，成为吴国新一任君主。

正是吴王阖闾临终前的那番交代，成了夫差身上日后甩不掉的枷锁。

他对天起誓，有朝一日，一定要让吴国的军队踏遍越国境内的每一寸土地，要让勾践像狗一般匍匐在自己面前亲吻自己的脚。

可夫差与自己的父亲阖闾不同。

他并不是一个有坚强毅力和不屈不挠野心的狠人。

在最初的那段日子里，他还能时刻用父亲的临终遗言提醒自己强兵灭越的野心。

可不到一个月的时光，他就坚持不下去了，再也忍受不了奋发图强所带来的煎熬。

每回一到这种时候，他就会莫名其妙地冲身边人发火，拿旁人当作出气筒，以此来宣泄内心中的种种不满。

好在伍子胥并不理会他这一套。

只要一见到夫差这副样子，伍子胥总会将脸一沉，面无表情地提醒夫差道："大王，难道您忘了，先王临终前的嘱托了吗？难道您想看着有朝一日越国兵强马壮，雄赳赳气昂昂地踏破吴国的大门吗？"

而每回夫差一听见伍子胥的这番话，就如同一条看不见的鞭子不停地抽打着他，使得他更加抓狂，也更加脆弱。

"别说了，别说了，你再说孤王就让人把你拖出去斩了！"

伍子胥感念吴王阖闾对他的知遇之恩，因此并没有与其计较。

就这样日复一日，年复一年，转眼间过去了三年。

在伍子胥的辅佐之下，吴国迅速恢复国力，兵马日渐强壮，而反观越国却在这几年中没什么变化，这种局面正是伍子胥所希望看到的，他嗅到了一丝机会，认为吴国应该抓住这个千载难逢的机会对越国实施报复。

上苍是公平的，凭运气取得的胜利是无法长久的。

越王勾践虽然靠着运气和侥幸打败了吴国，却始终没有看清吴国与越国之间的实力差距，从此骄傲自满，认为自己是天选之人，将辅佐他的大臣范蠡的良言相劝当作了耳边风，依旧我行我素。

直到吴国的强悍铁骑踏破了越国的国门，那一刻，他才终于得以清醒。

没想到经过三年的励精图治，奋发图强，吴国的实力已非越国可比拟，它来势汹汹的气场让越国举国上下人人胆寒。

一场夫椒之战，打得越国喘不过气来，死伤无数，连连后退。

第四章　吴越相争数十载，悲情人物落幕时

勾践一见情况不妙立刻调转车列准备带着范蠡、文仲以及剩余的残兵逃跑。

但夫差并不打算就此放过他。

三年来积压在他心中的怒火与仇恨此刻就像火山口那即将喷发而出的岩浆一般再也忍不住了。

他率领着吴国将士一路追杀，死盯着勾践不放，直至将对方追赶到会稽山（今浙江省绍兴市东南一带）。

这时，伍子胥告诉夫差，趁机将勾践彻底拿下。

夫差也不废话，直接占领了会稽，来了个"瓮中捉鳖"将越军团团包围。

如此一来，在山里的勾践真是叫天天不应，叫地地不灵，最后只有听取范蠡的劝说，向夫差举白旗投降。

"我们不但要向吴国投降，而且还要想尽一切办法跟夫差身边最信任的太宰伯嚭搭上关系，贿赂他，给他送去大量的美女和金银珠宝。"范蠡看着勾践说道。

一个人只要有贪婪的欲望就必定能被别人所利用。

伯嚭的贪婪已经是天下皆知，范蠡将他选做贿赂收买的对象

那真是再合适不过了。

勾践道："这样能行得通吗？万一对方不吃这一套呢？"

范蠡道："我对伯嚭一直都很关注，此人不但贪财，而且极度好色。我们只要抓住这两点就不会错。"

见勾践还有些犹豫，一旁的文仲急道："大王，不要再犹豫了，眼下这是唯一可行的法子。"

"那就这么办吧！"勾践恨恨地说道。此时的勾践并不甘心，却没有其他更好的法子。

于是，按照吴、越两国谈判的条件，勾践本人代表战败的越国，亲自出城向吴王夫差投降，以保全自己与妻儿乃至整个越国。

当然，在此之前文仲已出面，代表越国国君勾践与吴国太宰伯嚭单线联系，并向其送去大量的金银珠宝以及精挑细选出的越国美女作为贿赂。

那是一个骄阳似火的正午时刻。

勾践在出城的时候真的就像一个奴仆一般。

他趴在地上，以匍匐的方式，一点点儿来到了夫差的面前，并高声道："越国国君勾践特地出城向吴国上君投降，望吴王能手下留情，留下我这条贱命和越国臣民的性命，越国从今往后愿尊吴国为上国，年年纳贡，岁岁来朝！勾践愿以自身为人质携妻带子入吴在您身边伺候……"说罢，便毫不犹豫地用自己的嘴去亲吻夫差的鞋面。

这一幕虽震惊了在场的所有人，却也是夫差最想看到的一幕。

所以他并没有感到丝毫的意外和难为情。

想起当日父王对他说的那些临终之言，不由得又燃起了他对勾践刻骨铭心的恨。

如今这一幕果然在他面前发生，他心里自然狂喜不止。

"父王，您看到了吗？儿臣今日终于带领着吴国将士们踏破了越国的国门，为您报仇雪恨了；儿臣终于让勾践像狗一样趴在地上对我们吴国臣服了，哈哈哈……"

他将脚踩在勾践的脸上，似天神一般俯视着勾践，用一种戏谑的语气对其说道："如今我吴国将士已踏破你越国国门，此刻你越国的安危以及你勾践本人和妻儿老小的性命全掌握在孤王手里，你可服气？"

看着眼前这如丧家之犬般的勾践，他心里有种说不出的畅快。

勾践的脸贴在冰冷的青石板上，大声地喊道："吴王威武，吴王乃天选之子，贱臣佩服得五体投地。贱臣与吴王相比就如鼠虫蝼蚁一般，吴王只要稍微一用力就能将贱臣踩死。"

勾践之所以如此低三下四，自然是因为怕夫差会突然发私愤，手起刀落，将自己斩了。

而也就在这时，夫差的心里忽然也有另外的打算。

他想折磨勾践，让其待在自己眼皮底下做个随叫随到听话的奴才，这样岂不比直接杀了对方更有意思些？

但站在他身边的伍子胥却知道勾践活着必定是吴国的隐患，日后只要有机会，他必将会想尽办法回到越国，再反攻吴国，作为吴国的辅政大臣，他怎能允许这种事情发生？于是，他立刻向夫差说道："如今吴国将士既然已经破了越国的国门就应该斩草除根，将勾践及其妻儿一同处死，将越国灭国，以免后患。"

但他这句话刚说到一半就被伯嚭给打断了。

只听伯嚭道："此言差矣。"

如今的他混得风生水起，早已不将当年对自己有恩的伍子胥放在眼里了，何况他私下又收了文仲的贿赂，因此自然替勾践说话。

但夫差却不管这些，对于他这个君王来说，臣子之间互相斗来斗去，正是他愿意看到的。

因为只有臣子之间相互有矛盾，他才好把控，如果臣子之间都齐心协力，他这个君王反而就不好把控了。

夫差瞧着伯嚭道："伯嚭，你有什么看法？"

伯嚭道："如今勾践已向您俯首称臣，如果您还要执意杀了勾践，灭了越国，只会激起越国将士及百姓们的愤怒，使得越国境内军民一心，同仇敌忾，与我吴国死战，如此一来，不论后果如何，都会引起其他诸侯国对我吴国的谴责，严重的话还有可能会联合起来攻打我们。目前正是我吴国在众诸侯国中立威的重要节点，应当从中懂得利弊取舍，千万不可因小而失大。"

一旁的伍子胥听见伯嚭这样说，当场便暴跳如雷。

"你住口！你身为吴国太宰，位高权重，怎能如此信口雌黄？"

他伸出颤抖的手指，怒视着伯嚭，却半天再也无法将后面的话说下去了。

伍子胥没有想到伯嚭的贪婪已经到了这种地步，这些年来他私下听说了不少伯嚭收受贿赂、任人唯亲的"事迹"，却没想到如今伯嚭能为了一己私利将国家利益弃之不顾，如今伯嚭这番表现，只怕已经私下与勾践勾结到一处了。

伍子胥感念阖闾帮自己报仇之恩，一直以来都将辅佐夫差复兴吴国当成头等大事，而他也早已为吴国的将来做好了规划，先除掉越国，再吞并其他小国，让吴国能够成为真正的中原霸主。

夫差斩草不除根的行为令伍子胥十分愤怒。

"大王今日若不除掉勾践，以后他必成吴国大患，十年生聚，十年教训，仅需二十年的时间越国就能将吴国打败。"

伍子胥说出这番言辞，可是有亲身体会的。

当年他父兄亲人被楚平王处死，他忍辱负重十余年才带领吴军踏破楚国国门掘坟鞭尸楚平王。

作为古今复仇第一人的他恐怕比谁都清楚勾践的包藏祸心。

眼前，他摇尾乞怜只不过是一种缓兵之计。

伍子胥不能看着楚国的悲剧在吴国这里再重演一遍。

因此他必须要提醒夫差，时刻牢记越国的杀父之仇。

可伍子胥越是如此，夫差就越是觉得烦心，他二人既不是父子，也不是叔侄，只是君臣关系而已，伍子胥凭什么这般对待自己？这些年来他早已受够了伍子胥对自己的操纵，即便是父亲的临终之托，也轮不到他伍子胥来教自己做决定。

越想夫差越觉得生气，于是便动了杀心，准备将伍子胥除之而后快。此刻的伍子胥一颗心全部扑在吴国复兴之路上，没想到自己很快将迎来生命的落幕。

四、孤勇者的落幕

越国的范蠡送来了一个绝世美人名叫西施，将夫差迷得晕头转向，使得他更加没有心思理会伍子胥的良言忠告。

殊不知，这正是范蠡与勾践二人的计策，想用"美女胭粉计"来迷惑夫差，因此特地挑选了西施这样一位符合夫差审美的女子带回去秘密训练，之后又安插在夫差身边做女间谍，范蠡知道伍子胥是实施越国复国计划的最大阻力，要想顺利复国，必定要先将伍子胥除去。

"他伍子胥十年苦心孤诣，就为报杀父之仇，可见其毅力；破楚国，而挖坟掘墓鞭尸三百下，可见其刚烈；辅佐夫差，兴吴灭越，可见其政治远见。可惜，可惜，这样的人，注定是我们的仇敌。"范蠡叹着气道。

在吴国为奴的这段时间，他看在眼里，伍子胥有着很强的军事敏感和深远的政治抱负，他并不满足于只是灭掉一个越国而已，他想要的是帮助夫差占领整个天下，但夫差明显安于现状。何况有了西施的陪伴，夫差早就将阖闾临终的话抛到脑后。

西施不但人长得美，而且也非常机灵，在夫差耳边整天吹着耳边风，挑拨夫差与伍子胥之间的君臣关系。

"大王，这伍子胥到底是您的什么人？怎么和您说话一点儿都不注意君臣之礼，整天在您面前大呼小叫，跟教训自己的儿子似的？"

夫差越听越气，回想起自父亲去世之后，他伍子胥就真的把自己当成儿子一样动不动就训斥，在外人面前也毫不避讳，一点儿也不把自己当成一国之君，自己越不想做什么，他伍子胥却越逼着自己做什么，总爱跟自己唱反调。他夫差这些年早就受够了这个固执的老头，真恨不得立刻命人将伍子胥拖出去斩了，以解心头之恨。

但伍子胥毕竟是先王留给自己的辅政大臣，如果自己没有一个合情合理的理由是绝对不能杀他的。

就在这时，老天给了夫差一个机会。

经过多年的发展，吴国的实力已越来越强，而夫差成就霸业的野心也是一天天地暴涨。

当时地处吴国北边的齐国是个名副其实的强国，整天威胁着吴国的发展，夫差便想先从齐国开始，练练手，侵略齐国，于是就找来伍子胥和伯嚭二人商议。

谁知伍子胥一听夫差有意要对齐国开战，立刻将头摇得跟拨浪鼓似的。

在他看来，此时吴国的最大威胁不是北边的齐国，而是南边的越国，吴国应该将所有的精力都集中在如何对付越国上，怎么能本末倒置放着大好机会不去打越国，而对齐国开战呢？

"大王，微臣认为我们应该联合齐国对付越国，只有越国才是吴国的最大隐患。"

但这样的想法显然不是夫差想听到的。

而且早已被越国收买的伯嚭也一直在他耳边不停地挑拨，使得夫差认为伍子胥背着自己暗通齐国。

伯嚭道："大王，如果伍员真的暗通齐国，那就糟了，将来说不定会与齐国里应外合来反攻我们。"

夫差冷哼一声，道："这老匹夫，表面道貌岸然，实则却是个包藏祸心的大奸臣，背着我不知道干了多少坏事。"

伯嚭道："微臣倒有一个法子不知当讲否？"

夫差道："哦？说说看。"

伯嚭道："大王您不如将计就计，就让伍员作为使者去出访齐国。"

夫差在听，伯嚭继续道："如此一来，表面上是去与齐国重修旧好访问国事，实则却是将伍子胥作为一个诱饵，暗地里可以继续筹备与齐国开战的各项准备。"

夫差点点头道："不错，这倒是个办法，到时候无论他伍子胥是否暗通齐国，孤王都可以给他扣上这罪名，将这老匹夫除去。"

眼下他心意已决，伍子胥对他而言已没什么价值，于是便将吴国的军政大权全交给了太宰伯嚭。

而这样做的结果就是，本是阶下囚、亡国奴的勾践，终于有了喘息的机会，便更加卖力地讨好夫差，并最终带着越国上下所有臣民的期盼回到了越国。

伍子胥当然知道夫差这么做的用意，如今自己俨然已成为吴国的一个虚职丞相而任人摆布。

当夫差的旨意传来，伍子胥将自己在屋子里关了几日，就跟那年他见完当时还是公子光的阖闾并与他商议刺杀事宜后回来一样，这些年他明显感到身体一日不如一日，但他一直铭记阖闾的临终所托，这些年他一直严格鞭策夫差，希望他能够成为一代明君，但他也明显感觉到夫差对自己越来越不耐烦，自己刚一开口，夫差便皱着眉头，让自己退下；反观伯嚭，夫差是越来越喜欢他。

"伯嚭，伯嚭……"伍子胥喃喃念着。

他想起当时衣衫褴褛跪在自己面前求自己引荐给阖闾的伯嚭，那个将"复仇"二字说得咬牙切齿的年轻人，而自己当时也是一身粗衣粗布。那个控诉着费无忌恶行的伯嚭不知什么时候变成了另一个费无忌，一直以来自己对伯嚭还存有一丝幻想，大概因为同是楚国人又同样背负着血海深仇，如果不是奸臣陷害，自己和伯嚭现在应该出现在楚国的庙堂之上，而自己一路颠沛流离，以为能够在吴国施展政治抱负，但终究不过是历史的重演，只是费无忌换成了伯嚭，楚平王变成了夫差，而自己……此番夫差让自己出访齐国，何不是一种变相的打压，自己年岁已高，只是自己年轻的儿子，万不可让他走自己的老路，因为只有他自己知道背负着血海深仇有多孤独，孤独之下有多么刺骨的痛。

因此在临行之前，他对自己的儿子说道："我曾多次劝谏大王联齐灭越，可大王一意孤行，坚决不肯对勾践下手，如今我已经能够预料到吴国气数已尽，不久将会被越国所灭。你若继续待在吴国发展必定会受其牵连，不如随我一起入齐，我在齐国有一位至交好友名为鲍牧，你留在他身边应该会有更好的发展。"

就这样，伍子胥带着自己的儿子一起到了齐国。

然而，令伍子胥没有想到的是，自己的一举一动早已在夫差的掌控之中。

当伍子胥从齐国返回吴国向夫差汇报自己访问齐国的情况后，另一头的太宰伯嚭却连夜进宫对吴王夫差说道："大王，据我们安插在齐国的内线回报，伍子胥此次入齐将自己的儿子留在了齐国，这充分证明他已有了反吴之心，此时不将他除去日后必成大患。"

夫差一听这话不禁骂道："这老匹夫果然有谋反之心，那就怪不得我不留情面了。"

于是第二日，夫差便立刻下旨将伍子胥赐死，并赠予其一柄剑，让其自尽。

伍子胥曾苦练剑术，为的就是有朝一日能够手刃楚平王，楚平王已死，他只能鞭尸三百下，将这些年的苦楚化作一道道鞭痕。

他这辈子曾摸过不少剑，这些剑都是他杀敌的利器，而如今却被夫差赐剑来了却自己的生命，这要是孙武在眼前，不知道是痛骂自己当时的残暴感叹世事轮回，还是怒斥自己贪恋庙堂，不肯学他隐居山野。但是只有他知道他并非贪恋权势，他想要的不过是一个能够实现自己政治理想抱负的舞台而已，在自己年轻的时候他以为楚国会是那个实现理想的乐土，但他却如丧家之犬般东躲西藏，将仇恨咀嚼；到了吴国，他以为能在这里施展拳脚，辅佐夫差创造出一个统一的安稳的天下，却也不过是自己痴人说梦罢了。

伍子胥轻抚着冰冷刺骨的剑锋，忽然仰天苦笑，自说自话地道："回想当年，我助先王争霸，南征北伐数十载，才有了今时今日吴国的强盛景象，我为吴国立下了不少功劳，想不到如今你夫差竟然只听了伯嚭那厮的几句谗言就要将我除去，真是可笑至极，可笑啊……"

说到这里，他又想起了吴王阖闾登基之前的一些事情。

那时候，他刚从楚国逃难来到吴国遇见了还是公子光的阖闾。

阖闾一直有谋朝篡位的野心，而他自己也非常希望吴国能够出兵伐楚，替他报仇雪恨。

于是两人一拍即合，共谋大业。

为了能让阖闾继承王位，他还将自己的好兄弟专诸间接地推荐给阖闾，作为行刺吴王僚的刺客，最终也断送了专诸的性命。

如今往事如烟，却历历在目，宛如昨日。

一想起这些曾经发生过的事，伍子胥的内心就愈加悲痛不已。

愤恨之余，他将家人聚集在一起，并留下遗言。

"等我死后，你们一定要将我的双眼眼珠挖出，系在鱼线上挂在城门楼之上，我一定要亲眼看看吴国最后是怎样亡国的！"说罢，便不再犹豫，手起剑落，自刎而死。

这世上最痛苦的事，莫过于好人未必有好报，而小人却能颐养天年。

夫差与奸臣伯嚭将伍子胥当作一个笑话，但从后来的历史发展来看，伍子胥的观点精准至极。

吴国打败了越国，却没有一口气将其毁灭，一直不断地接受着勾践的糖衣炮弹，结果导致二十年后休养生息、缓过劲儿来的越国直接将吴国灭了。

这是东周列国时期，大国被小国所灭的首个案例，也是一个重大的历史转折事件。

虽然有些史学家将"三家分晋"作为春秋与战国的分界线，但笔者却认为公元前 475 年，也就是越国灭吴的这一年，才是历史翻开新篇章的时间节点。

因此，作为先知一般存在的伍子胥，毋庸置疑是被当时的时代大环境所抛弃的一名孤勇者，他始终在用他的固执与顽强与时代作斗争。

当时，越国被吴国打败，勾践在夫差面前表现得摇尾乞怜，自愿在夫差身旁做一个听话的奴仆，只是一种保命的策略；而与此同时，陈国、鲁国、宋国也相继被吴国所打败，这使得夫差称霸天下的野心与日俱增，认为自己是天选之子，加之奸臣伯嚭在一旁溜须拍马，更加使他认不清现实，只有伍子胥整天唠叨个没完，对夫差的各项决策都进行反对，弄得君臣之间一点儿也不和谐，久而久之，夫差自然而然也就开始讨厌他了。

人莫心高，自有生辰造化，命由天定，何必巧用机关。

伍子胥的一生，始终活在一个旋涡之中，前半生经历了父兄因小人谗言而死的悲惨事件，接着自己逃避仇家，开始报仇雪恨，临了自己却又因为小人的谗言被害死。真是：百世子胥调，犹存寂寞中。鞭尸生快怨，抉眼死遗忠。故国古今梦，怒涛朝夕风。登临一长啸，斜日海门红。

附录一

伍子胥年谱

公元前 522 年，因遭费无忌陷害，伍子胥父、兄被楚平王杀害，伍子胥被迫逃往吴国。

公元前 516 年，楚平王去世，吴王子光（阖闾）发动政变，刺死吴王僚，自己继位，命伍子胥为大夫（宰相），伍子胥将孙武推荐给了阖闾。

公元前 506 年，吴军大破楚军，伍子胥进入郢都后，把楚平王熊居的尸体从坟墓里掘出来，亲自抽打三百余鞭。

公元前 494 年，吴国战胜越国，越王勾践入吴做奴仆，与此同时，伍子胥与夫差的分歧也越来越大。

公元前 484 年，夫差下令赐死伍子胥。

附录二

人物列表（不分出场顺序，只按阵营及主次排列）

吴国阵营

姓名	生卒	祖籍	字	官位爵位	职业
吴王夫差	？—公元前473年	姑苏	不详	吴国国君	君王
伍子胥	公元前559年—公元前484年	楚国	子胥	相国	大夫、谋略家、军事家
伯嚭	？—公元前473年，一说公元前473年以后	楚国	不详	太宰	大夫
孙武	约公元前545年—约公元前470年	齐国乐安	长卿	吴国大将	军事家、政治家
吴王阖闾	？—公元前496年	吴国	不详	吴国国君	君王

越国阵营

姓名	生卒	祖籍	字	官位爵位	职业
范蠡	公元前536年—公元前448年	楚国宛地三户	少伯	相国、上将军、上大夫	政治家、军事家、谋略家、经济学家、商业理论家、道家学者
文仲	?—公元前472年	楚之郢	会、少禽，一作子禽	不详	谋略家
越王勾践	?—公元前464年	会稽	不详	越国国君	君王

楚国阵营

姓名	生卒	祖籍	字	官位爵位	职业
楚平王	?—公元前516年	楚国	不详	楚国国君	君王
费无忌	?—公元前515年	吴郡吴兴	不详	太子少傅	少傅
伍奢	?—公元前522年	楚国椒邑	不详	太子太傅	太傅
伍尚	?—公元前522年	楚国椒邑	不详	不详	不详
太子建	?—公元前522年	楚国	子木	楚国太子	太子
申包胥	不详	楚国	不详	楚国大夫	大夫

续表

姓名	生卒	祖籍	字	官位爵位	职业
司马奋扬	不详	楚国	不详	楚国司马	司马

秦国阵营

姓名	生卒	祖籍	字	官位爵位	职业
秦哀公	？—公元前 501 年	秦国	不详	秦国国君	君王

晋国阵营

姓名	生卒	祖籍	字	官位爵位	职业
晋顷公	？—公元前 512 年	晋国	不详	晋国国君	君王

春秋铸剑师

姓名	生卒	祖籍	字	官位爵位	职业
欧冶子	不详	越国人	不详	无	铸剑师
干将	不详	不详	不详	无	铸剑师
莫邪	不详	不详	不详	无	铸剑师

后　记

在以上的文章中，笔者较为详细地阐述了悲情英雄、孤勇者伍子胥的一生。

除了"复仇者"这个标签外，民间也有很多关于伍子胥的传说典故。

而在接下来的文字中，笔者想来说说民间有关伍子胥的一些逸事典故。

当然，在前文笔者已经叙述了有关伍子胥"一夜白头""七星龙渊"以及"千金报恩"这三个典故，因此接下来着重说说关于"端午的起源"和"荸荠起源"这两个典故。

一、端午的起源：关于端午的起源，民间一致认为是与《离骚》的创作者、伟大的词人屈原有着密切的联系，但其实却不然。

因为在历史上，伍子胥死后曾被吴王用鸱夷子皮将他裹尸投入钱塘江之中，而这个时间要比屈原投江的时间早很多；所以，有些专家和文献认为，我国的端午节习俗与伍子胥有关而非屈原，划龙舟、吃粽子等端午习俗也都是为纪念伍子胥而非屈原。

当然关于端午的起源自古以来本就众说纷纭，除了伍子胥、屈原外，还有很多种说法，但因与笔者叙述的内容无关，因此这里就不费笔墨了。

二、莼荠起源：这个细说起来与"千金报恩"的故事有些相似，但结局却完全不同。它所讲述的是，公元前522年，楚平王杀了伍子胥的父兄及家人后，伍子胥在逃亡的过程中，乔装改扮成农夫的样子藏匿于白露湖的芦苇、蒿草中，不料这时天降大雨，使得本就疲惫、饥饿的伍子胥一下子就得了风寒，于是便昏倒在了泥泞之中。

恰巧在这时，一位路过的农家少女发现了他，出于善心便将其带回了自己的家中。

少女的家也十分贫困，没有钱请大夫来给伍子胥看病，只能靠一些土办法和从山中采摘的野菜熬成粥给伍子胥喝，摘一些野果给他充饥。

如此这般，没过几日，病恹恹的伍子胥竟然神奇般地好转了。

他十分感激少女，对她千恩万谢，并许诺日后定会回来报答。

少女随即问起伍子胥的来历和将来的打算，伍子胥便不再隐瞒，向少女亮明了自己的身份，并说出自己要投奔吴国的打算。

少女见伍子胥生得丰神俊朗，气宇轩昂，瞬间便对其产生了情愫，但少女知道伍子胥志向高远，又有杀父之仇在身，绝对不会愿意默默无闻地度过一生，于是便送了一袋干荸荠，让他带在路上充饥，并用小船将他送出白露湖。

在临别之际，伍子胥恳求少女千万别向任何人透露自己的行踪。

少女满口答应，待其走远后，便想也没想投湖自尽了。

在路上的伍子胥感恩少女的救命之恩，因此这一路上忍着饥饿，没有吃少女送他的干荸荠，只用湖水和一些野菜充饥。

后来，伍子胥经过九死一生终于来到了吴国，遇上了公子光，并将随身携带的干荸荠分出一部分作为见面礼送与公子光。

公子光好奇地看着干荸荠，听着伍子胥讲述着它的来历以及自己的报仇之志和治国之策。他深觉伍子胥非一般人，决定重用。

在之后的岁月中，伍子胥辅助公子光先是夺取了王位，后又攻破楚国，北攘齐土，南服越人。

当然，在这过程中伍子胥也顺带将干荸荠在吴国境内进行了推广，并且开始大面积种植。

以上两个典故虽然只是民间传闻，但足可见伍子胥在当时人们心中的地位，伍子胥的仇恨表面上是伍子胥的家仇，但同时也是那个时代老百姓心中的"共怨"，只是伍子胥选择背负仇恨并且将它化作一股动力，这腔孤勇，怕是千百年来无几人能做到。而伍子胥最后的悲惨结局，也成了当时百姓心中的"刺"，夫差昏庸，百姓却是清楚的，吴国失去了伍子胥这样一位良臣，吴国的百姓为之痛心，而选择去纪念这样一位悲情英雄。

历史生生不息，不论是典籍还是民间传闻，一个被刻在印记中至今仍然被感念的人物是值得去走近并且去理性看待的。尽管他曾衣衫褴褛，孤身走马，尽管他孤独而倔强，但他却在滚滚长河中，用一腔热血和强大的政治抱负托起了一个国家，将历史推向了崭新的篇章。

白玉京

2023 年 10 月